人は幽霊を信じられるか、信じられないかで決まる

松井 勇人

まえがき

コロナで人類が直面させられたもの、それは死だ。
だから私はあなたに、あなた自身の死と話し合って欲しいのです。

自己実現できるのは「話の分かる人間」だけである。

25年間で1万人の起業家にインタビューをさせて頂き、1万5千冊の書籍と論文を研究させてもらった。そして私は、そう結論づけることにしたのだ。

意外に思われるかもしれないが、現在淘汰されているのはエリートの方々である。例えばアメリカの大卒就職率はおよそ5割にまで低下してしまったし（図1）。米国のGDPは拡大しているのにかかわらず、90年代半ばから世帯収入（の中央値）は漸減してしまっている（図2）。学歴を得ても生活の足しにはならず、経済が拡大しても暮らしは良くならない。

既存教育の価値だけでなく、経済の価値ですら疑わねばならない時代になった。

（図１）

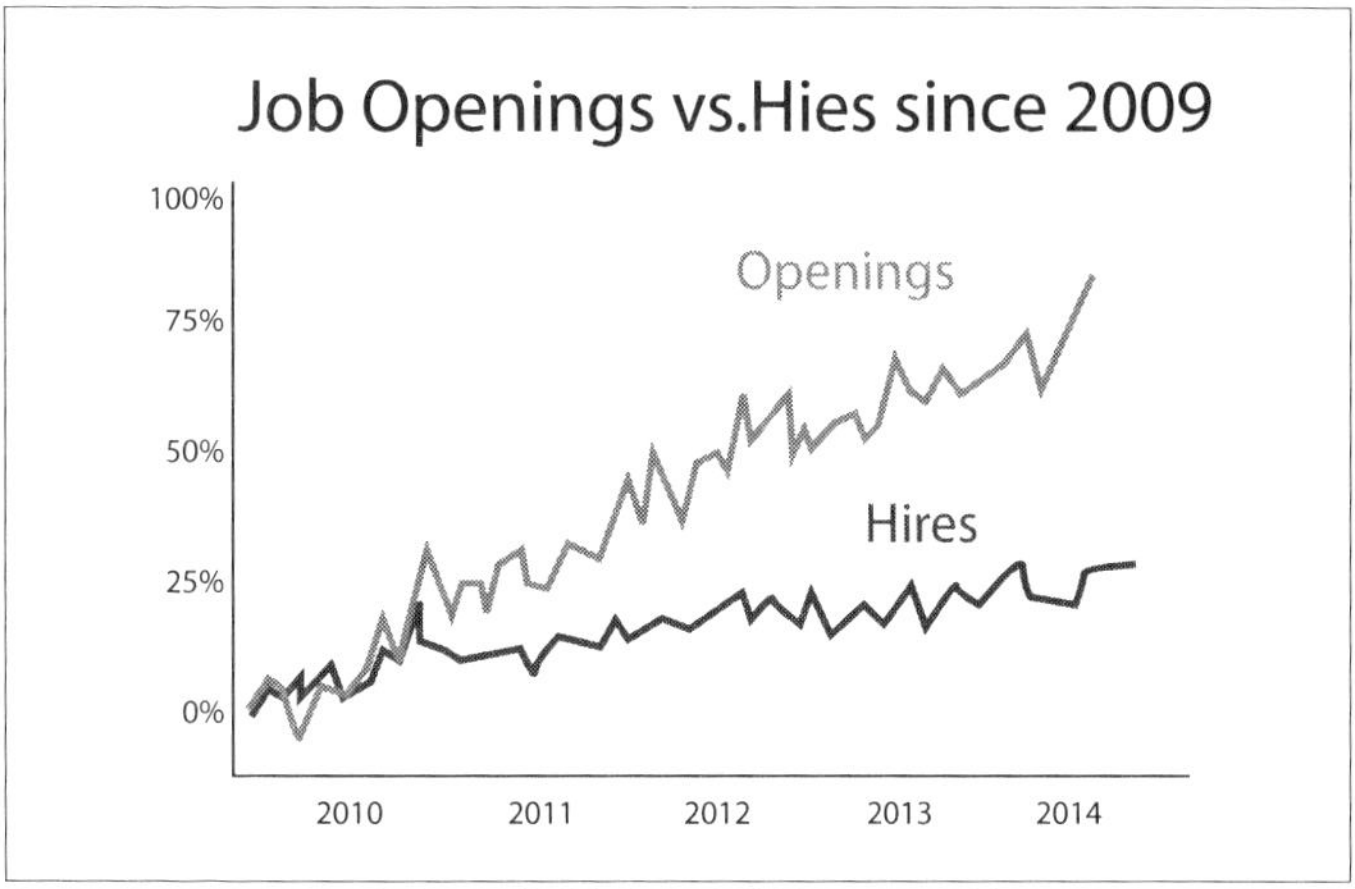

（アメリカの大卒雇用率（下）は、求職率（上）と比較し 50% に低下
映画『most likely to succeed』より）

大企業に就職できたとしても、東芝・ＮＥＣ・ソニーなどかつて日本を牽引してきた大手電機は、軒並み45才以上のエンジニアをリストラに出している。かつて憧れの就職先であった銀行などは、マスコミから「限界産業」という不名誉な呼び名をつけられる始末だ。

コロナ以降、既存企業が続々と淘汰されてゆく中、学歴や資格、会社のブランドなどに頼って生きて行くことが極めて難しくなっている。今求められているのは、自分の人生を自分で切り開いてゆく、すなわち「実存的」な生き方である。

誰かにどうこうしてもらう、会社に、社会保障に、ではなく、自分で自分の食い扶持を稼がねば。本書ではその雛形を「究極の実存」である起業家の生き方に探らせて頂く。

(図2)

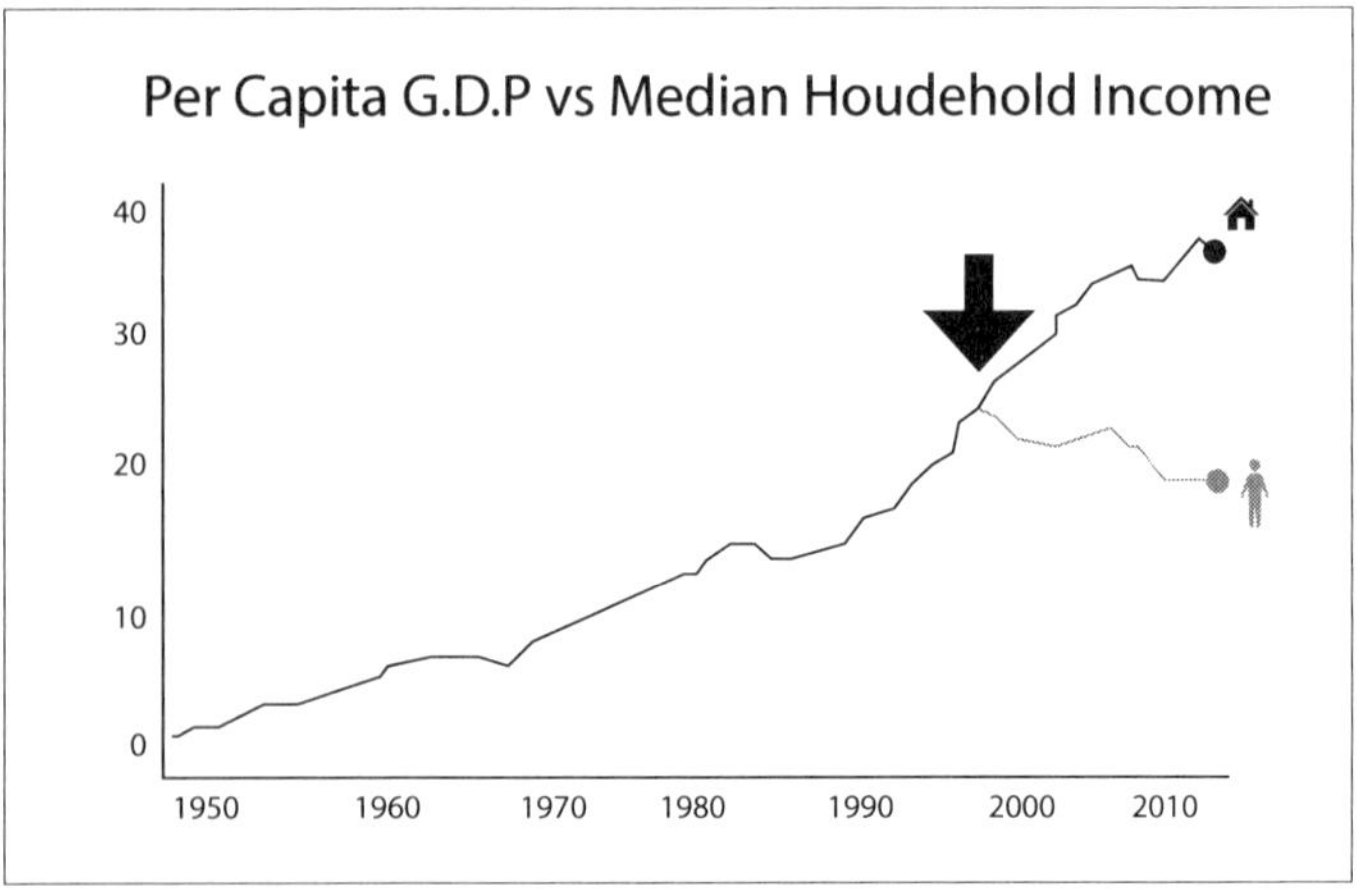

１人当たりGDP（上）は拡大しているのに、win95の95年より世代収入の中央値（下）が斬減　映画「Most likely to succeed」より

電気自動車のベンチャー「テスラ」のイーロン・マスクやジョブスのように何兆円も稼ぐ必要はない。年収６００万円もあれば家族を養ってゆける。今求められる起業とは、特別な人間が１兆円稼ぐ起業ではなく、誰もが６００万円稼げる起業なのだ。こうした家族単位の起業を考えるのに、特殊な才能やコネなど要りはしない。

しかし、才能や資格の代わりに必要となるものがある。それは、自らの「死」をかけた時に得られる、あなた自身の哲学である。

本書ではあなたに、こう問わせて頂く。

「あなたの墓標には、どんな言葉が刻まれるだろうか？」

「彼女は弔辞に、どんな言葉を贈ってくれるだろうか？」

私はあなたに、あなた自身の死と話し合って頂きたいのだ。

新時代の経営理論を示したサラス・サラスバシー。彼女の開いた次世代の経営の書、『エフェクチュエーション』で述べられているように、人が自らの行動を任せるのは理論ではなく、哲学である。

理屈を語るエリートの時代は終わりを迎えた。そうではなく、あなたがあなた自身の「死」と向き合って掴んだ哲学を聞かせて欲しい。コロナ後の世界は、そんな等身大の哲学者が切り開いてゆくからだ。

～　元生徒、K.SとS.I、I.Wに贈る　～

目次

この本で語られていることは、全てノンフィクションです。

第1夜

武士道とは死ぬことと見つけたり

死ね

お前の墓標には、どんな言葉が刻まれるのだろうか？

キサマの弔辞には、どんな言葉が贈られるのだろうか？


「ねぇ、私ね、こんなこと言ったら変なんだけど、、いつまでもこんな仕事してていいのかなぁって思っちゃってるの・・・」

いつしか仲良くなった行きつけのドラッグストアのお姉さんが、そう話してくれた。聞けば昭和49年生まれの同級生だという。そんな偶然や、コロコロとした愛らしいルックスと気さくさが楽しみで、足しげく通っている。

昨日、怪人Eから電話をもらった。これまで8億円稼いだITの猛者だが、暴力事件を起こして8回静岡新聞に載り、詐欺で告訴もされYouTubeに暴露動画をアップされたお人だ。俺は民事で負けたことはないと威張っていたが、刑事では負けたことがあるのだろう。

「なぁ、『仕事』って単語は渋沢栄一が訳したんだって。『労働』もそう」

「じゃぁ仕事と労働ってどう違うか分かるか？」

「う〜ん、やりたい仕事とやらされる仕事ですかね？」

「そう。そんでさ、明治の日本には労働って概念が無かった。だから渋沢は〝work〟をどう訳せばいいのかって、スゲェ悩んだらしい。でも今の日本人はよ、仕事の方が何なのか分かんなくなってるよな」

相変わらずのキレである。

誰もが仕事を欲しがっているのに、肝心なその「仕事」が何なのか分からなくなっている。だから働きようが無いのかもしれない。

働かされる、ことはできるけれども。

かつて僕が通いまくったハローワークで紹介してくれるのは労働であって、仕事じゃぁない。

ただ、しばしこう言われることもある。

「は？　生きるためにゃ働かにゃいかんだろ？」

「そいつを否定するって？　テメェは馬鹿か！」

その通り。私は激烈バカなのだ。生きるためには働かなくちゃいけない。まさしくその通りだ。

しかし、１００日後に死ぬとしたらどうか。あのワニのように知らないのではなく、知っていたとしたら。

お前の墓標には、どんな言葉が刻まれるのだろうか？

キサマの弔辞には、どんな言葉が贈られるのだろうか？

生きるためにするのが労働だとしたら、死ぬためにするのは仕事なんじゃないか。

そう言えば、かつて生徒にこう問われたことがある。

「先生、明日死ぬとしたら何する？」

悪ガキだったから、きっとエッチなことをしまくるのだろうという期待を込めたエロい目で僕を見ていた。

だけど真剣に考えてみて、こう言ったのだ。

「う～～～ん、割と本気中の本気で言っちゃって、、何か悪いけど、、ガチでお前らを教えることにすると思うわ。こうやって今みたいにな」

「は～～～！？　嘘つくなよ？？？」

「死ぬだもんで、何してもイイだに？」

「もっとやるべきこととか、したいことがあるだろ？」

「しっかり考えてみろよ！　本当にそんなことでいいのかって！」

内容だけを見ると凄腕キャリアカウンセラーの言葉にしか見えないが、彼の頭には明らかにエッチなこと以外は浮かんでいなかった。

「いや、だから本当に悪いんだけどな。。。本気中の本気でお前に勉強教えてると思う」

流石の彼も絶句していた。そしてこう言った。

「バカだ。ホンマもんの」

けど、少しだけ本気が伝わった感じがしたのだ。

そしてそのとき僕は仕事を与えられたんだなぁと、思った。

仕事がなにか分からなくなった。

「なにをやっても　うまくいかない
八方ふさがりで　動けない
こんな時には　無理して進まないことだ
自分の中に退いて
心の奥に住んでいる　賢者に訪ねよう
無意識の底には
自分のものでありながら
まだ　見たこともない　賢者がいる

その人を探し求めよう
外の状況が暗い時には
心の中は　明るく輝く
自分の中の　老賢者に
出会うことさえ　できれば
道は　自ら開け　幸運の女神がほほえむ
前にも　後にも　進めない時は
自分の心の中に　進もう
そうすれば　必ず　いいことがある」
『易経』39 水山蹇（ウィルヘルム・バインズ訳より）

人は仕事が分からなくなった。あるのは求人票にあって金になる労働だけだ。

僕は起業家研究をさせてもらっているのだけれど、極めて難しい問題を投げかけられることがある。僕だけにとって難しいわけじゃなくって、起業家支援をする者全員にとっての究極とも言える難問が一つある。

どんなものかと云うと、、、

「この仕事がどうしてもしたいんです。でも、正直に言ってしまうと、、これではお金にならないし、生活すらできなくなりそうなんです。私はもう、アルバイトかパートに出た方がいいんでしょうか？」

やはり超難題である。

ちなみに、諸兄姉ならどう応えるだろうか？　流石に頭を抱えるのではないかと想像する。

私も同じように参っていたわけだけど、どこかの本でさる映画監督が答えを出していて、いたく感動したのだった。それは自分の映画が当たらず、まさしく生活にすら困っていた時のこと。心から信頼する先輩監督に相談し投げかけてもらったものだ。

「映画のために死ね」

それだけだった。

彼は再出発をし、死を賭けたその作品からヒットに恵まれてゆく。確か紀里谷和明監督だったと記憶している。

しかし、である。死とはいったい何なのだろうか？

私が崇拝しているアーティストが地元の磐田市におられる。遥奈さんという名のシンガーソングライターで、『春と消えた』と云う極めてしっとりとした音楽をふと耳にした瞬間から、僕は彼女の虜にさせられた。

遥奈さんもまた、死について極めて深い哲学を語ってくれる。そしてその哲学は、彼女の夢に現れた一人の青年の言葉から始まるのだった。

「私が今まであなたを一度でも見捨てたことがありましたか?」

青年は彼女のことを、彼女自身よりも深く理解してくれていたと云う。そしてその後、遥奈さんは『ハイパーインスピレーション』を、時代に捧げる曲を書かれたのだった。

僕はこのつながりが分からずに、2週間くらいボーっとしていた。それから、死について想いを馳せ、彼女にメッセージを送らせて頂いた。

「コロナで人類が直面させられたこと。それは〝死〟なのだと思っております。そして人類が絶対に逃れられないものも〝死〟だと。

『私が今まであなたを一度でも見捨てたことがありましたか？』

　人類が死から見捨てられたことは一度もありません。それなのに、人は死から逃れる方法ばかりを考えてきた、そう感じております。

　ですが、、、

『弔辞でなんと語られたいですか』

『墓標になんと刻みたいですか』

　そんな風に問われたとしたら、自分の天命に響くことさえあります。死を問うた時に喚起される天命。それが『ハイパーインスピレーション』なのではないかと思い、メッセージ致しました」

彼女はこう返信して下さった。

「松井さん、『ハイパーインスピレーション』についてコメントをありがとうございます！

　とてももうれしいです！

『死から見捨てられたことは一度もない』

まさにコメントくださった事の通りですね。

『今まであなたを一度でも見捨てた事がありましたか？』というメッセージをくれた存在は、私よりも私の事をよく理解していたので、きっとこれまでのどんな瞬間にも私と一緒にいてくれたのだと思います。それこそどんな過去生でも、どんな死の瞬間にも。

私に必要な経験をする時、必ずそばに在って多くの気づきを得るためのサポートをしてくれたのではないかと思います。

そして誰もがそんな目には見えない存在と常に経験を重ねている（重ねてきた）のではないかなと私は思います。

今週の深海ラジオでも放送予定なのですが、（筆者注：２０２０年5月30日放送）

コロナウイルスによって私たち人類が「死」をより身近に感じて、

『自分のこの命は、本当は何に使いたいんだろう？』『今回の人生で本当はどんな生き方をのこしたかっただろう』

という事に、これからは誰もが本気になっていくのかもしれない…と私は思いました。

『これが私の本当の人生だ…！』とそれぞれの本当の幸福で生きる人生へと、自然と歩いていくのではないかと…。

常識や世間の目にとらわれず、純粋な自分になって真実に気づいていくような…

もう松井さんのおっしゃってくださった通りですね

そして、いつもそばに在ってくれる目には見えない存在が、私たち人類にはいつもついていてくれる事を思えば…

これからもどんな事があっても誰もが自分の行く道を案ずる事はないと思いました。

とりとめもないお返事となってしまいましたが（申し訳ございません…）

それぞれの魂を思い思いの方法で表現する事を決めた私たちへ、ハイパーインスピレーションは惜しみなく届けられると思います」

・・・彼女はいつも僕に、ある種の神託を授けてくれる・・・

死とは、我らよりも我ら自身のことを理解してくれている存在だったのだ。人は、死に自らの天命を問う必要があった。今再び、ここに生かされている理由を思い起こすために。

生は、死が司る。

我らは誤って、生きるための物差しを「死」ではなく「生」に握らせてしまった。そして労働だけが残ったのだ。

死を復権させねば。

釈迦の入滅後、56億7千万年後にこの世を救済するとされる弥勒菩薩《みろくぼさつ》。56億7千万とはコロナの合わせ言葉だと話す者もいる。そして僕は思うのだ。弥勒菩薩《みろくぼさつ》とは遥奈が見た死なのではないだろうかと。

日本変態党宣言

果たして、普通とは何か?

私はしばしし、そう問われてきた。

分からない・・・。

そう、分からなかった。これまでは。

しかし分かったのだ。普通とは、変態性の否定なのだと。すなわちそれは、人間の否定を意味する。

デイル・アーチャーはその著書『Better than normal』で、そもそもノーマルな（普通の）人間など存在するはずがないのだと語った。普通でない、病（変態性）こそにアイデンティティ形成の鍵があるとし、変態は変態の生きる場所へと帰還すべきだと語る。

そう、ＡＤＨＤの人間は冒険に出るべきだし、社会不安者は感覚を研ぎ澄ます仕事に向いている。自意識過剰の者はカリスマの素質があるし、演技性人格障害の人間はコメディアンのように周りを楽しませてくれる。

デイルはこう語るのだ。

「世間の人は彼らを病気だと言うかもしれない。でも私に言わせれば、病こそが何にも代えられない我らの力となるのだ」

「もちろん病を見据えることは難しい作業だ。だがそれでも自らに正直になれた時、それは驚くべき力を我らに付与してくれる」

だから、自分に正直になろうではないか。

私は変態である、と。

マーシャル・マクルーハンは『Understanding Media』で、「西暦1500年のスコラ哲学生誕以来、世界は画一的に把握されてきたけれども、今、そうした見方では世界を把握しきれないようになった」と語る。だから、学者などはそれに対してどうしたらいいのか、非常に手間取るようになったのだ。

「ふつう」のものの見方、というものが通用しなくなってきている。

突然の私見で申し訳ないが、塾を経営させていただいても本当に実感するのだ。思いっきり愚痴を述べさせて頂くことになるけども、誠心誠意に子供たちを見ているつもりなのだが、「成績が振るわない」と文字通り殴り込みに来やがる親御さんとか、「カネを払っているんだから、どんなことを言われても仕方ねぇだろう」とブチ切れてくるお母さんとか、2年以上月謝を滞納して「しめしめ」と思っているであろう大金持ちとか、それはもう普通にしていられるものではない。

学習塾omiiko伝説の一期生の荒くれ者たちの時も驚いたものだ。普通じゃねぇと。

だが、吉田松陰先生はこう語っていた。

「そういう者たちをまとめた塾というものは、国を変える」

いや、、こういう話ではなかった。

確かに右のように書くと、いかにも僕が「普通」であり、「まとも」であるかのようだけれど、実際の私を見ていただいたら誰もが一瞬にして分かるのだ。どう考えてもアイツは変態だ、ということが。

分かっていないのは自分だけなのである。

「私はまともだ」という観点から変態を見たとしよう。どうしたくなるだろうか。通報したくなるのである。しかし、である。「私は変態だ」という観点から変態を見たらどうか。すなわち、仲間に会えて嬉しいと思うのだ。

先のマクルーハンも言っている。

「意味よりも効果の方を心配せねばならない。それこそ我らが直面している、時代の根本的な変化なのだ。これまで我らは断片的な情報（意味）を伝達することに精を尽くしてきたわけだが、この時代では、全人的な血の通ったもの（効果）が伝わることこそが、重要になったのである」

すなわち、である。

理屈を通すこと（意味）よりも、自らの変態性に気づくこと（効果）の方が大事になっているのだ。変態性こそがアイデンティティの基盤なのであるから。。。

そう、一本道をひたすらどこまで進んだか、という「ふつう」の物差しが用をなさなくなってしまったのだ。ＭＢＡを取ったら、大企業に入社したら、株で儲けたら勝ち組、ではなくなった。

そうではない、、、

「どうしても一緒にいたい奴らと、どうしてもやりたい仕事をしている」

そんな奴らが勝ちとなる時代だ。

ちなみにこれは『ゼロ・トゥー・ワン』でピーター・ティールが述べた、Googleに就職できる能力がある人間が、まだ2人しかいないベンチャーに就職する時のパターンである。

標準化されたものの見方、「ふつう」のものの見方、が通用しなくなった。

だから、異常化されたものの見方、「変態」的なものの見方、を身に付けねばならぬ。

洞察のために何が必要なのかと言えば、無限の交差点なのだ。何も考えず、皆と同じ大きな道をひたすら進んでいけばいい時代ではない。もう、自分をまとも（普通）だとして、他者を叩いて勝てる時代ではない。

変態同士がぶつかって、仲直りして、刺激し合って生きて行く時代、そんな時代なのだ。

一本道ではなく、無限の交差点に身を置かねば。

この世はまさに、大変態時代。

・・・あなたは特別だ。だから、この世の全てを手に入れる術をお伝えしよう。

すなわち、変態となる方法をである！！

世界は終わるために存在する・・・？

ランボーと並ぶ詩人、ステファヌ・マラルメはこう言った。

「世界は終わるために存在する」

と。

しかし時代は１８０度転換した。

「世界は始めるために存在する」

と。

……………………………

「子供たちって言うことを聞きたいんじゃなくって、お話を聞きたいんだなぁ」

今日、浜松市にあるホテルサゴーの露天風呂で話をする親子を見てそう思った。たどたどしく話をするお父さん。決して格好良くはない。申し訳ないけれど、明らかに子供の方が流暢だった。だけど、子供は目を輝かせてお父さんの話を聞いている。

「子供っていうのは、なんて話しが好きなんだろうな」

俺はそう思った。

静岡県で中学生の進路を決定するために使われている重要なテストがある。学力調査テスト、通称「学調《がくちょう》」と呼ばれているものだ。4年前、塾を立ち上げたばかりの時に使用した学調の模擬試験。僕はその国語の問題文が超好き。だから、うちの中学3年生には全員解いてもらっている。

声の向き、の話だった。

こんな内容だ。

……………………

「お話を読んで」とせがむ子供に本を読んで聞かせることになった。だけど、途中から寝てしまったり、自分で勝手に遊び始めてしまったりする。当然、お母さんは本を読むことを止めるのだが、ほどなく子供たちが怒るのだ。

…分かる気がする。が、何故だろうか。

彼らにとっては、本の「内容」が大切なわけではなかった。上手く朗読して欲しかったのでもない。ただ、自分の方向に母親の声が掛けられている、ということ。それだけが重要だったのである。

（鷲田清一『大事なものは見えにくい』角川学芸出版より）

…あ〜! 好きだわ。やっぱ、これ。

・・・・・・・・・・・・・・・・・

塾に、突然勉強をし始める生徒が何人か出ている。

イケメンAの話をさせて頂きたい。彼は中学1年生の時から来てくれている。だけど当塾のイケナイ先輩から影響を受けまくってしまったのか、単に僕が未熟者だからかは分からないけど、イケメンAは全く勉強をしようとしない生徒だった。

机の前に座らせるだけでも大苦労。恐るべきボリュームでブチ切れて、無理やり座らせて勉強させる日々が続いた。キレすぎて、Aは授業中ボーっとしてしまっていたことがあった。トラウマまではいかないだろうが、とてつもないショックで全く頭が働かなくなってしまったのだと、授業中、少しずつ話してく

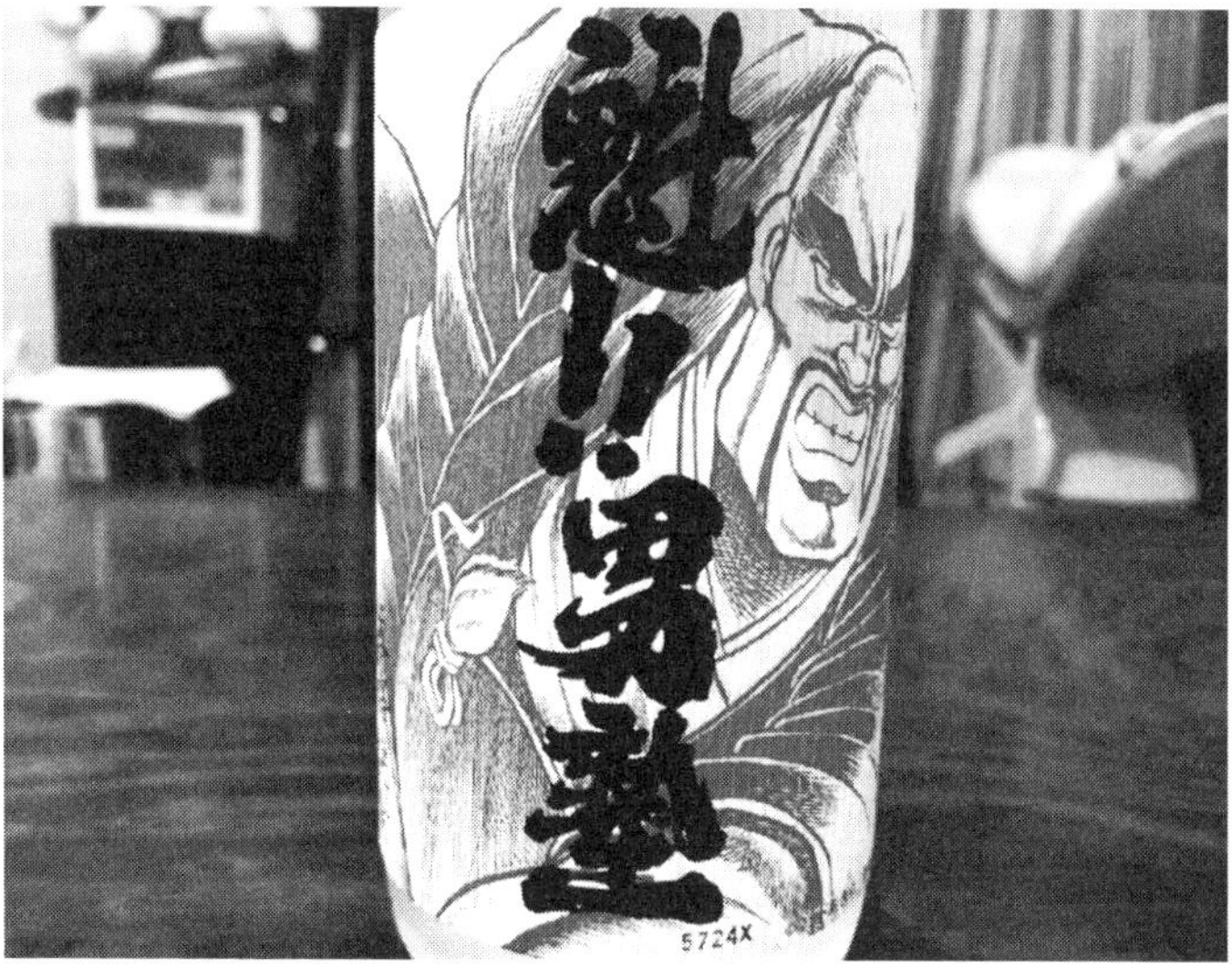

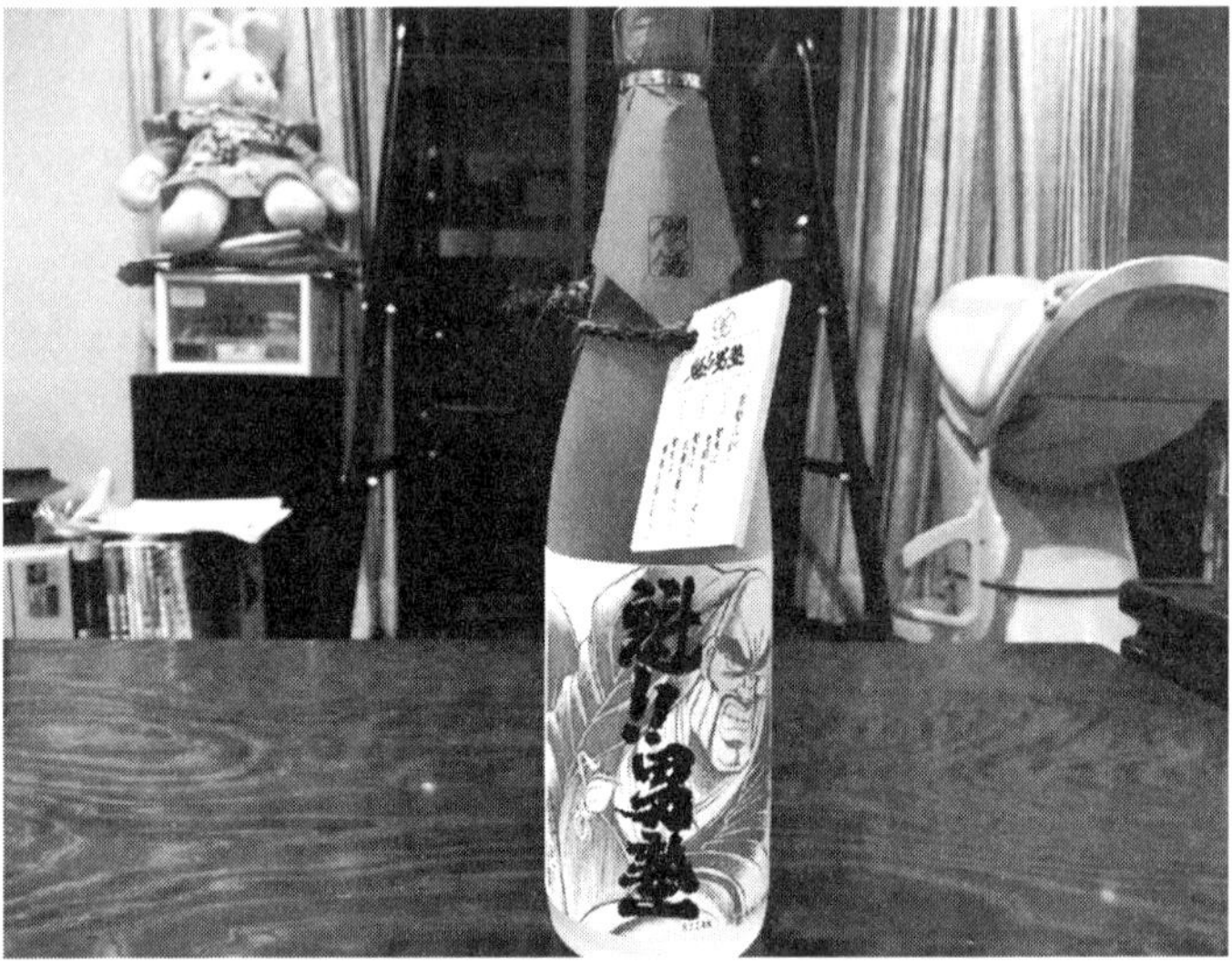

れた。

そんなことが何回もあって流石に僕も彼に対して異常なキレ方をしなくなったし、Aも僕の恐ろしさを理解してくれたのか、わりかし素直に席に着いてくれるようになった。ただそれでも、授業中、勝手にイヤホンをして音楽を聞いているし（1対1の授業で！）、毎回授業は寝ながら受けていた。さらに言えば、ペンケースなど中3になるまで持ってきたことが無かったのだ。

ちくしょう、クソガキ！！　（いや、大好きだけどね）。

そんなわけで中2の4月頃までだったか、、、ちょっと忘れたけど、時々はある程度のカミナリを落としていた。しかしある時、何とも面白いことに気づいたのだ。彼は寝ながら、イヤホンをしながら、スマホをいじりながら、ではあるのだけれども、ゆっくりゆっくりと着実に自分のペースで授業中勉強をしていたのである。

はっきり言おう。授業態度が悪すぎて、そちらに気づかなかったのだと。

「いや、お前って結構しっかり勉強してるよな」

「は？　当たり前だろ？」

だから、僕は彼にほとんど怒らなくなった。

で、ちょっと話がズレるけど、それを見ていた親戚の娘Ｂなんかは、

「なんで私にばっかりきつく当たるんだ！　Ａには怒らないのに！」

とキレていた。

仕方がないから、こう言ったのである。

「Ａはゆっくり着実に勉強してるじゃないか。

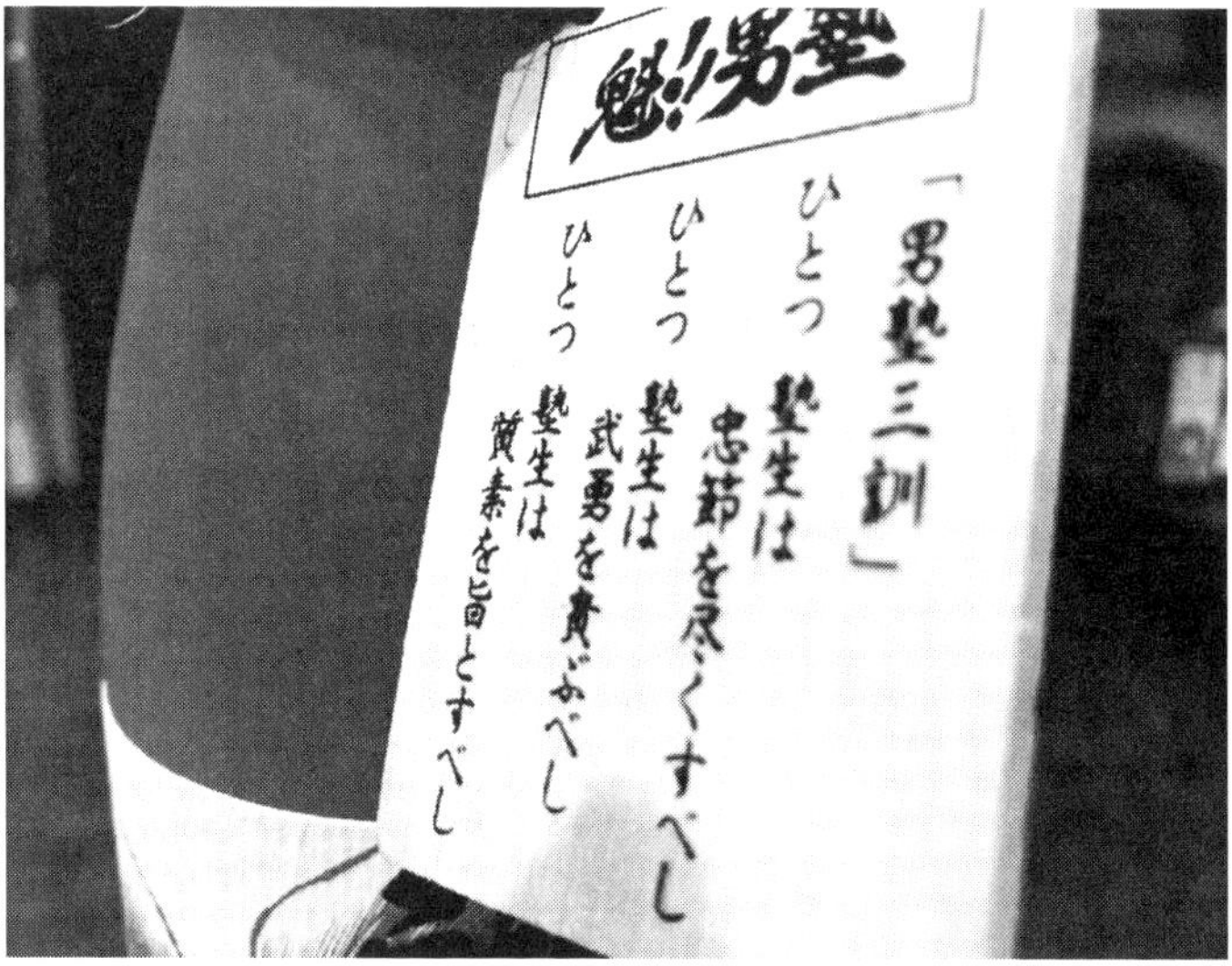

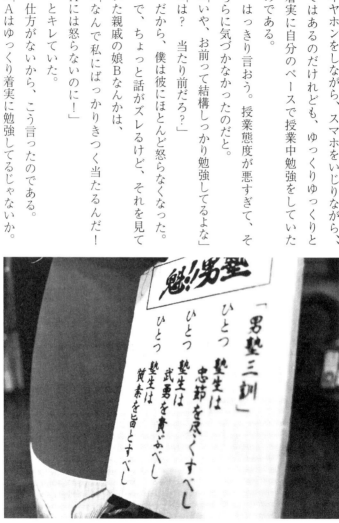

お前は完璧に勉強するのを拒否してる。俺は間違えても、全く分からなくても怒らないけど、サボったら強烈にキレるからな」

「それに、お前ばかりキツくしてるわけじゃない。Aも昔サボっていた時には、当然キレられた。お前の比じゃなかったぞ。頭がボーっとして、何にもできなくなるまでキレたんだからな」

この話は全く理解を得られなかった。。。なんで女の子ってこんなに難しいんだろうか。。。

Bはまた、異常なほど自頭がいいので、第一志望にしっかりと合格していったのだった。

めでたしめでたし。

しかしコロナが蔓延するころになっても、Aはあまり変わらなかった。めっちゃ一生懸命解説した後、彼の顔を見ると、、、ちょっと間を置いて、「え?」「?」「?」、とか言って全く聞いてない。

そんなことなどざらだったのだ。

だから、また、たまにキレた。

しかしそのうち、中学3年になったくらいだっただろうか。Aは着実に着実に力を付けていて、気づけば明らかに「公立高校にも受かるだろう」という目論見が立つくらいになっていたのだ。

(静岡県の高校入試は公立高校の方が難しいことが多いです)

そうしてコロナが始まって少し経った頃だろうか、相変わらずの「え?」「?」「?」攻撃はあったわけだけれど、

「しかたねぇなぁ。でも、学調の問題文みたいに声だけ届いてりゃいいかな。椋鳩十先生のお孫さんの久保田さんだって、金次郎のお孫さんの中桐さんだって、そんな『声』が子供の支えになるんだっておっしゃってたしよ」

僕はAが全く話を聞いていない時、声だけでも届けることにしたのだった。内容一切無視である。まぁ、なんというか、、、中学3年生で受験が迫ったことも大きかったのだと思う。Aはしっかりと勉強に取り組むようになった。学校でもノートを綺麗に取るようになったのだ。学力も、恐るべきレベルの飛躍を果たした。本当の話、こちらの方が怖すぎて震えが来たくらいだ。

「情報の伝達ではなく、効果（お話をする力）が大切な時代になる」

マーシャル・マクルーハンはその著書『メディア論』でそう語っている。効果とは「全人的な血の通った対話力」、もしくは「お話をする力」、といったようなものだと僕は理解している。

新時代の経営理論、「エフェクチュエーション」を作ったサラス・サラスバシーという天才がいる。彼女の語るエフェクト（効果）も同じだ。彼女はマクルーハンの影響も、また受けているのだろう。

……………………………

「世界は終わるために存在する」、

違う。

「世界は始めるために存在する」

・・・・・・・・・・・・・・・・・・・・・・

これまでの時代は、獲得とか蓄積とか結果とかに最大限の関心が払われてきた。人生に「あがり」をつけるのが大切とされてきた。一見その方が楽に思える。けどそれってのは、

「間違っちゃいけない」
「知らないものがあっちゃいけない」
「完璧にできなきゃいけない」

、のと同義だった。

既にあるものを永続させようとする時代だった。それはそれで価値のあるものだけれど、間違っちゃいけなかったり、完璧にできなきゃいけなかったりするもんだから、いつしか人は「始める」ことを恐れるようになった。挑戦することができなくなってしまったのである。

「永続の哲学」と「始まりの哲学」とでは、性質が正反対なのだから。

今、確実なものに価値があるのではなくって、始まりの不確実さを楽しめることに価値の重心が移った。

チクセントミハイは、「物事をやり遂げられない人は、子供時代に物語を読んでもらった記憶がない」という研究結果を出している。スターバックスのハワード・シュルツが『白鯨』に影響を受けて会社を成長させているように、人をインスパイアさせるのは、理屈ではなく哲学や物語

なのだ。

だから、、、大事なのは、、、挑戦者であること、、だ。

上手くやることではない、上手く失敗することなのだ。大切なのは。

人と争わないことではない。喧嘩の後に仲直りできるかどうかなのだ。見据えるべきは。

「問題を起こしてはいけない」、という考え方ではだめだ。

そうではない。

「いかにして自分らしい問題の起こし方をするか」、だ、重要なのは。

子供たちは言うことを聞きたいんじゃなくって、お話を聞きたいのだ。

「言うことを聞かせる時代」が終わり、「お話をする時代」になった。

え？

失敗しない奴に物語は生起しない。完璧をめざしてしまうと、お話ができなくなるからだ。

「失敗するのなんて危険極まりない」


って？

いやいやいや、ちょい待ってくれ。

「話さえできれば、大抵の問題は解決する」

僕の尊敬する平野雅彦先生がそう言ってくれた。
問題を起こしたほうが、物語が生まれる。
物語が生まれれば、話が弾み出す。
だったら問題起こした方が平和じゃね～か。
平和万歳！　だから、みんなで仲良く喧嘩しよう(＞▽＜)／

そう、マリリン・モンローがこう言ってたっけ。

「未完成さは美、
狂気は才能、
そしてどうしようもなく馬鹿げている方が、どうしようもなく退屈なのよりもいいわ」

写真サイト flickr より。

人は幽霊を信じられるか信じられないかで決まる

静岡県の掛川市に、俺が大好きな〝吟遊詩人〟が開いたカレー屋がある。ジャンさんが開いたから「ジャンカレー」。世界を3周して極めたスパイスの効かせ方が魅力の、怪しい店だ。彼の詩が誘蛾灯のように遊び人を呼び寄せ、俺もまた1匹の虫としてこの店に誘われ、他の虫たちと同様この店の虜となった。

2回目の訪問で、ジャンさんからこんな風に声を掛けてもらった。

「来週の土曜日、シンプルステージってイベントをするんです。朗読でも弾き語りでも手品でも、何でもありで10分間ステージに立ってもらうんですけど、松井さん出ません？」

「面白そうですね！　是非お願いしますよ！」

二つ返事で快諾したし、上のやり取りを見てもらうと何とも差し障りのない光景に見えるかもしれないが、俺はこの時、心の底から驚愕したのだった。

人間の中にはスポットライトを浴びたいと思っている奴はいる。しかしスポットライトを浴びせたいと思っている奴らは殆どいないからだ。それが俺みたいな無名の馬の骨だとしたら尚更のこと尚更である。

例えばこんな事があった。ある浜松のイベントで「プレゼンター、どんな方でも大募集」とあったので応募してみると見事落選。別ルートからも手を回しに回しまくって出場しようと試みたが、ケンもほろろな扱いだった。まぁこれはかつて、浜松市主催の起業パーティで馬鹿騒ぎしまくった俺を敬遠したからだろう。

身から出たサビである。

ある種冗談のようになってしまったが、本当の話だ。無名の人間の実力を正当に評価できる目利きというものは、ほぼ皆無なのである。

地位のある者らはゲテモノを避けたがるし、ゲテモノたちはゲテモノたちで我が強いから、生意気なポッと出にイイ顔はしない。どちらにしろ、絡んで潰しにかかるか完全無視するか、が、ポッと出の辿る道となるわけだ。

という訳で俺ら起業家という馬鹿どもは、ケモノ道を進むことに慣れざるを得ない。確かにスポットライトが当たることはある。しかしスポットライトはスポットライトでも、岩山の上の月あかりに照らされての遠吠えなのである。

世間のあまりの評価の低さに絶望していた俺だったが、ジャンさんはそんなケダモノたちを躊躇無くステージに上げてくれるのだった。俺の驚愕具合、ほんの少しでいいから理解して欲しいと思う。

正しい物事は評価されなければならない。学校ではそんな風に教えるものだ。だから、良い点を取れば誰であろうが漏れなく評価されるように、良いものを作れば馬鹿でも漏れなく評価されるはずだ、と、かつての俺は無謀な夢に惚けていたのである。

しかしである。俺も45になって思ったことがあった。正しいものはいつも間違っているのだと。自分のことを正しいと思っている方々は、こんな言葉を吐かれがちた。

「え？　お前、こんなのも知らないの？」

「この答え間違ってるじゃないか。ちゃんとやれよ」

「この理論、常識ですよ。いい加減導入されたら如何でしょう？」

「はぁぁあ？？？」

「俺だってテメェの知らないことくらい、腐るほど知ってるって！　ボケナス嫌味のインテリもどきさまよ！」

スコラ哲学の創起以来、人類は正しさを持ってすれば争いが治まる筈だと考えてきた。しかしである。ご存知の通り、その思いは裏切られ続ける。0．4を超えると争いが噴出するというジニ係数のことを前著で紹介させて頂いたが、現在の世界のジニ係数は実に0．7である。だから世界中で紛争が絶えないのも当たり前の話、と言えるかもしれない。香港も、EUを脱退したイギリスも、大統領が変わったアメリカもマズいだろう。意外に思われるかもしれないが、トランプは殆ど戦争をしなかった大統領なのだ。オバマは逆に戦争をしまくった。

腹が出すぎている。

どうされるのでしょうか。世界のリーダーさまたちよ。

正しいことは必ず格差を生み出してしまう。俺さまが正しいのだから、お前が悪いのだという構図を作らざるを得ない。上下関係を作ることはできるが、仲間を作ることができないのだ。

そして日曜の夜。

一時間遅刻したが、約束したように吟遊詩人の店へとライブをしに来た。そこにいたのは、フラメンコを踊る麗しき蝶たち、ウクレレを弾く一匹のカブトムシ、アコーディオンで歌う妖艶な玉虫、ギターを奏でる遊び人のキリギリス。。。

言ってみれば音楽イベントだったわけだが、俺と松本の兄貴だけはそこでビジネス・プレゼンテーションをしたのであった。正直に言うと、この場違いさには軽くハメられたと思ったものだ。

イベントを終えた後、例によって生意気を抜かしたからだろう、世の常として痛い目を見る羽目になる。漫画『ワンピース』に出てくる海賊王の船の副船長、シルバーズ・レイリーのような風体を持つ常連に絡まれたわけだ。

実は、そのレイリーに言われたセリフこそが、この本のタイトル『人は幽霊を信じられるか信じられないかで決まる』なのではあるが。

こんな調子だった。

「おいお前、ここまでたくさん話したけどな、お前の話なんぞ一個も役に立たねぇからな」

「はぁぁあ？　一昨日来やがれ、時代遅れ野郎」

「なんだと！　ちっ！」

「おい、今の時代が新自由主義経済の時代ってこと、知らねぇだろう」

「馬鹿にしてんのか？　ジジイ！」

「馬鹿はお前だ。今は新自由主義の時代なんかじゃねぇんだよ。音楽時代だ、思い知れ童貞！」

「意外に勘がいいな」

「？！」

「おい、知ってるか？」

「人はなぁ、、、、」

「幽霊を信じられるか信じられないかで決まる、、、」

「、、、ってことをだ」

「な？　な？・・くっ、」

「ふっ、、、」

「はぁ〜〜〜あ？？？」

「じゃぁ、じゃぁよぅ、、、」

「音楽ってのは幽霊なのかよ」

「はっ？　な、な、、」

「おい、そこのギター弾き！　音楽って幽霊なのか、だってよ？　そうなのか？」

「阿保ぅ」

「・・・そんなことはなぁ、、、」

「どうでもいいんだよぅ」

「ま、まぁ、確かに」

・・・・・・・・・

・・・・・・

「俺はお前がいいヤツだってことが分かった。今日はな、最高の日だった」

「・・・俺もだ・・・！」

そして俺らは今も、フェイスブックでつながっている。念のために言っておくが恋に落ちたわけじゃない。

・・・

「アートとは共振を創起するリズム」なのだとアリストテレスは言った。ドラッカーもまた、「教育の本質はリズムと速さ、持続性にある」と語っているのだ。

圧倒的な正しさで相手を言い負かす、法廷で為されるようなレトリック。そんなものはレトリックの本質ではないとアリストテレスは述べる。

正しさを求めれば必ず勝ち負け、格差が生じる。正しさは社会を崩壊させる。

そうではない。リズムや会話を、そして宴とを催すアートを。

政治も、学問も、経済も、志向すべきは其方であるのだ。アリストテレスやドラッカー、レイリーが言うように。

今、２５００年前の筆を用い新世界の譜面を書き出そう。

我らは、
司令室ではなくステージを好み、
戒律ではなく楽譜を描き、
詰問ではなく歓声を響かせる。
人を踊らせることはできない。しかし、ダンスに誘うことはできるのだ。
だから、
その駄作を作り続けろ。名作と言われるまで。
その煩い打ち鳴らしを止めるな。神曲を発するまで。
正しいことはすべての活動を停止させる。俺が究極に正しい。ゆえに貴様はもう考える必要がない、と言った具合に。
正しいことは終わること。止めること。何もしないことだ。そこには必ず死の匂いが付き纏う。
人口５億人のEUでは、鬱で投薬されている人の数が３億人にのぼる。正しさは敗北を強要し、死を志向させる。正義は死の花を咲かせるのだ。
しかし、フッサールは動きを捉えようとした。死ではなく生を。彼により創り出された現象学という学問がある。そこで彼は間違いの重要性に眼《まなこ》を開く。
何かをするには、好きとか嫌いとかの偏向が大切となる。すなわち間違いこそが生の要なのだった。

「ふるさとは遠きにありて思うもの。

落ちぶれで異土（異国）の乞食《かたい》となるとても、
帰るところにあるまじや」

と、室生犀星の如くの信念であったとしても、別段正しいものでは無い。

だから逆に正しさ、すなわち客観の知で切ってしまえば、室生犀星も吉田松蔭も坂本龍馬も育てられない。むしろ、正しさは志を殺すのだ。

動いているものと動いていないものは違う。人がもし動かない存在だったのなら、正しさを志向すれば良かった。

正しさで世界を理解しようとしていた。世界は間違っているのに。

ならば、どうしたら彼女をダンスに誘えるのか?

共振を創起するリズム。すなわち芸術をおいて他にはない。酔わせて乗るから踊るのだ。

モノを手に入れたいのなら正しさを求めればいい。しかしそれゆえに世界は崩壊寸前まで追い遣られている。

命を捉えたいのだ。

寂しさこそが全ての病を引き起こす、と、アドラーが警笛したではないか。

ならば、彼女そして自らのリズムとを捉えればいい。人は正しさゆえに仲良くなるわけじゃぁない。リズムや波長、譜面なのだ。重要なのは。

誘え。その口角に紅が入るまで。

レイリーの枕元には時々亡くなった奥さんの幽霊が立つ。どうしても知っておかなければならないことを伝えるために。

音楽とはもともと神に届けるものであった。人と人とを、人と神とをつなげるために。

そう、リズムを身に纏えば、人生は上等に変わる。

バカの壁を越えろ。違う、○○の方向にだ

養老孟司さんの本に『バカの壁』という挑発的なタイトルのベストセラーがある。僕は本の発売当初、まさしくイキり盛りの若者だったものだから、

「くそ！　そんな挑発に乗るか！」

「俺はバカなんかじゃねぇ」

と、書店で平積みになった本を見るたびに気になりまくっていたにも拘らず、意地でも見ようとしなかった。

当時の俺は、3年間の浪人を経て入学した大学を卒業したばかりだったのだ。その心中察して欲しい。

そして46になった今も、やはりまだイキり続けているがために『バカの壁』未読である。これが壁を越えられなかった男の姿なのかもしれない。

それから後の俺は自己紹介にも述べさせて頂いた通り、まさしく生き地獄を経験させられたのであった。実に転職11社、解雇5回、転職活動で落ちた会社数誇張でなく約500社、引きこもり6年、不眠・重度鬱での投薬8年。言わばニート六冠王。もはや堂々たる成績と言っても良いだろう。

もちろん幸運にも先輩諸氏のご厚意を受けて今のように復活できたわけだが、時々、ふと思う事があるのだ。

それは、俺が『バカの壁』を越えて利口になれたから復活できたのではなく、『バカの壁』を越えてバカになれたから復活できたのではないかということだ。

実際の話、居酒屋で出会った同い年くらいのおっちゃんが言っていたことがある。

「俺の兄貴、引きこもっちゃってるんだけど、あいつなかなか働けないぜ」

「だってプライド高いからよ」

もちろん俺も引きこもってた当人だから、本当に心を病んでしまって薬漬けになっている人のこともよく分かる。一言で片付けられる話ではないって。

しかし、A. アドラーも言っていたけども、「人を精神の病に陥れる原因は全て格差を源とする」ということも事実なのだ。すなわち、プライドが高いと心を病むという真理である。

学校でも会社でも何でも、これまで現代文明は『バカの壁』を、利口の方に超える方法だけを教えてきた。確かにそちらの方が格好いいし価値も高いのだから、良く分かる話ではある。

実は大哲学者キルケゴールも同じ間違いをしていたと、著書『おそれとおののき』で告白しているほどだ。こんな具合である。

「俺は学問にも人にも貧富の差にも、全てのことに高尚と低俗とがあると思っていた。だからずっと、高尚な学問をしようと努力してきた。しかし自分を本当に自由にしてくれたのは、『俺ってなんて馬鹿なんだ』と、ふと気づいて笑えてしまう瞬間だったのだ。あのデカルトだっておんなじだった。奴もそんな馬鹿に帰ることで自由になろうとしていたんだ」（英書より超訳）

メルロー・ポンティはこんなことを言っている。

「重要なことは、ここに見えるものではなくって、この見えるものが何を意味しているか、だ」「知っていると思っていることを一旦捨てて、まっさらな状態でもう一度、目の前のものが持つ世界について考えてみるのだ」

って。

まっさらな状態。すなわちバカ。禅で言えば初心。そいつがなければ世界なんて何も面白くないんじゃないか。世界はここから見えるように見えるのだけれど、不思議で溢れている。なのに、「俺は分かっている」なんてエリート面をしてしまえば、どうなってしまうのか？

世界は見えるものだけれど、それでも僕たちは、世界を見ることを学ばねばならない。そんな風にポンティは教えてくれている。

ポン、ポン、ポンティ。ポン、ポン、ポン、と。

気を取り直そう。

いつも通りに見えているもの、ではなくて、今ここで見ているものは何なのか？　だから、まるで何も知らないかのように行動してみれば良い。今ここから全ての学びがはじまるかのように。そんな姿勢がいいのだ。

バカの壁をバカの方に超えると、世界が色付く。冒険の扉が開かれるのだ。

これまで学校で教えられてきた「科学」とか「実証主義」の考え方だと、見えるものは見えるもので、それ以上でもそれ以下でもなかった。すなわち、存在の深淵を見据えることができなかったのだ。その中にはまだ見えるものが広がっているというのに。

そんな「ものの怪」は、敷居の下に隠れていて、その中の引き戸に自分自身を隠すことを運命づけられているかのようだって、ポンポン・ポンティ・ポンポンポンは言う。

２０２０年11月12日、俺はとある不登校の生徒のそばにいてとてつもなく落ち着ける気分になった。きっとあいつは常時そんな雰囲気を出すことができる人になれるし、実際それにふさわしい予兆のようなものは見せている。が、今はそれを出せずにいる。

俺が小学校４年生だった時、仲良くなった転校生の興津くんに、「ハット（僕のあだ名）の家って、自分ちよりも寛げる！」って言ってもらったのも、それだろう。俺の中の引きこもり体質を引き起こす背後霊、「敷居の下のものの怪」が良い姿勢で表れたおかげなんだと思う。

その人の持つ本当のその人、本当の味、というものは、ポンポン・ポンティ・ポンポンポンが言うように恥ずかしがり屋のものの怪で、見ようとしても見えずにどこかの下に隠れてしまっている。

だけど不登校の生徒のそいつを見ようと、ものの怪を見取る〝ものの怪の目〟で彼を見た時、彼の本質は徐々にあらわになるのだと思う。だからやつはだんだん元気になってきたのだ。

ゴーストは確かに存在する。

たまに何故かわからないけど、周りに人が集まる人がいる。それも皆、それぞれの敷居の下のものの怪の、不思議な力に助けられているんじゃないか。

例えば、僕が参加させてもらっているドラッカー読書会にみんなが集まったりするのも、よく考えれば不思議な話だ。だってドラッカーの話は難しいから、かなりの人がドラッカーを理解できないはずなのだ。それなのにみんな集まってくるんだから。

（ホント、すみません！！）

ドラッカー学会の井坂康志先生の講義にもみんなが集まる。確かに井坂先生は魅力的だけれど、先生自身それは予期せぬ成功だって語ってくれていた。

すなわちそれは不思議である。

やはり、敷居の下のものの怪の仕業だとしか考えられない。

そう、それは、いるのである。

悪の経営学

起業の専門家ってどんなヤツだ？　と問われて貴方が思い浮かべるのはどんな人だろう？

六本木ヒルズの最上階に住んでる億万長者とか、シリコンバレーの超競争をモノトモシナイ凄そうなヤツが出てくるのかもしれない。だけど、ここで取り上げるのは現在進行形で割合と失敗しているヤツらの話だ。

経営の世界からちょっと分野を変えてみるけど、藤井聡太だって負けるし、大谷だって怪我するし、桂歌丸だって引退するのだ。現在進行形で戦っているヤツらなら、誰だってミスする。ミスしないヤツはもう何もしてない奴だ。

経営学って特に、成功だけに目を向けてしまいがちな学問だ。だけど、実は敢えてそれをやめると見えてくる道がある。すなわち、失敗のマネジメントってヤツがだ。

さらに言っちまうと、、、

起業家らが失敗を避けるべきものだとしていないってコトは、奴らが「成功と失敗」って基準を超えた基準で行動してるってこと。そこまでも見えてくる。これを見つけたのは流石の超経営学者、サラス・サラスバシー。

で、エフェクチュエーションって言葉でまとめられる彼女の編み出したその基準はどんなものなんか？　まずはエフェクチュエーションの大大大原則について聞いて頂きたい。

そいつは、、、、

「誰のために働くのか？」
「誰と共に働くのか？」
「何を持って覚えられたいのか？」

・・・すなわち、「私は誰だ？」ということについて、これついて、めっちゃ分かっていることにある。だもんで彼らが作る会社ってのは、彼ら自身を良～く映し出してるのだ。

確かに起業家は変なことする。確かにそうだけん、そいつはそいつのことがホントに分かっている。だから、潔く変なことをするのである。ワンピースのルフィとかもそうである。アイツはアイツがどんな奴か良く分かってる。だから結構な問題を起こすわけだ。でも必要なわけよ、それって。

なんていうか真面目な話に戻して、これまでの戦略論と世界を変える新理論のエフェクチュエーションを農業で例えてみるに。するとどうなるか。

既にあるイイ土地に収量が分かってるイイ種を撒いて刈り取る。それがコレまでのマーケティングだわ。頭がいい。

だけんエフェクチュエーションってのはどうか。荒地を耕して何の種なのか分かんない新しく見つけた種を撒いてみるやつ。そっちである。この方が自分が映る。この方が挑戦してる。二宮尊徳もそうしたわけだしよ。バカだけどガッツがあって自分が分かる。

つかよ、そんなのって確かに「わざわざ何やってんだ？」って感じではある。効率悪いじゃんかって思う。だけど、ホントにそうせざるを得ないのである。起業家ってヤツらは。

本田宗一郎とか、最近じゃ前澤友作さんもそうだけん、兎に角あいつらって変なことするじゃないですか。あれはもうどうしようもないのですよ。マジで。俺も学習塾やってるだけん、兎に角、悪い意味じゃなくて「生粋の」悪戯モノってのがいる。祭りのしっとりとした音楽イベントでペットボトルの水をブチまけ続ける小1とか、小3でもう彼女がいてキスしてる奴とか。もう目も当てられないわけだ。

だけんそいつらをちゃんと見てると、そのうち場を盛り上げられる上手い水のブチまけ方を見つけていったりとか、上手いキスの仕方を見つけてったりするのだ。後ろの方は、まぁどうかとも思うが。

ちゃんと話しを戻させて頂こう。浜松の起業家の雄「パイフォトニクス」の池田社長もホロライトっていう直進する光で事業を起こした。そいつで富士山をライトアップしようとしただけん、クソほどキレられたわけだ。

「神聖な富士山になにすんねん！」

って。もうこういうのはどうしようもないんですよ。俺らは。

だけん、そのうち地元舘山寺の山を地元の協力の元にライトアップしたら、「美しい」って皆んな感動してくれたし、中には泣いてくれた人さえいた。

起業ってどうしようもない悪戯モノが、上手い悪戯の仕方を身に付けるプロセスという趣が強い。で、その核になるのが「自分は誰か?」という哲学になる。

だからそもそも論ではあるけども、「失敗を避けましょう」、なんつう軟弱な優等生みたいなお説教が通じるわけ無かったのだ。

そうじゃない。

「失敗しましょう。じゃなきゃ身に付きません」

「できるだけ上手く迷惑を掛けましょう」

「怒られたら上手く謝って下さい」

まあ悪の経営学かもしれないけれど、こっちが本来なわけだ。何度も言ってしまって悪いけれど、もうどうしようもないのである。

つか、ムシロこっちのが人情味があるとすら言えるのだ。

「オマエって悪いよな。俺も悪いけど」

「まぁ人間だし、しゃぁないら」

そうなるわけです。寅さんみたくに。逆にです、絶対正義みたいな奴に限って、天誅とか言ってもっとヤバイこと起こすわけですよ。

ということでエフェクチュエーションは縁起論、これすなわち人情ものなのであります。人情ものは世界を救う。そう、このお話は「男はつらいよ〜起業家純情伝〜」、なので御座いました。

それではこの度も、ご清聴まことにありがとうございましたm(_ _)m

・・・ちなみに池田社長のお話は、社長にちゃんと掲載の許可を取ってありますが、社長が覚えてくれているかどうかは自信がありません(>◇<;)

第2夜

教育とは死をかけた旋律である

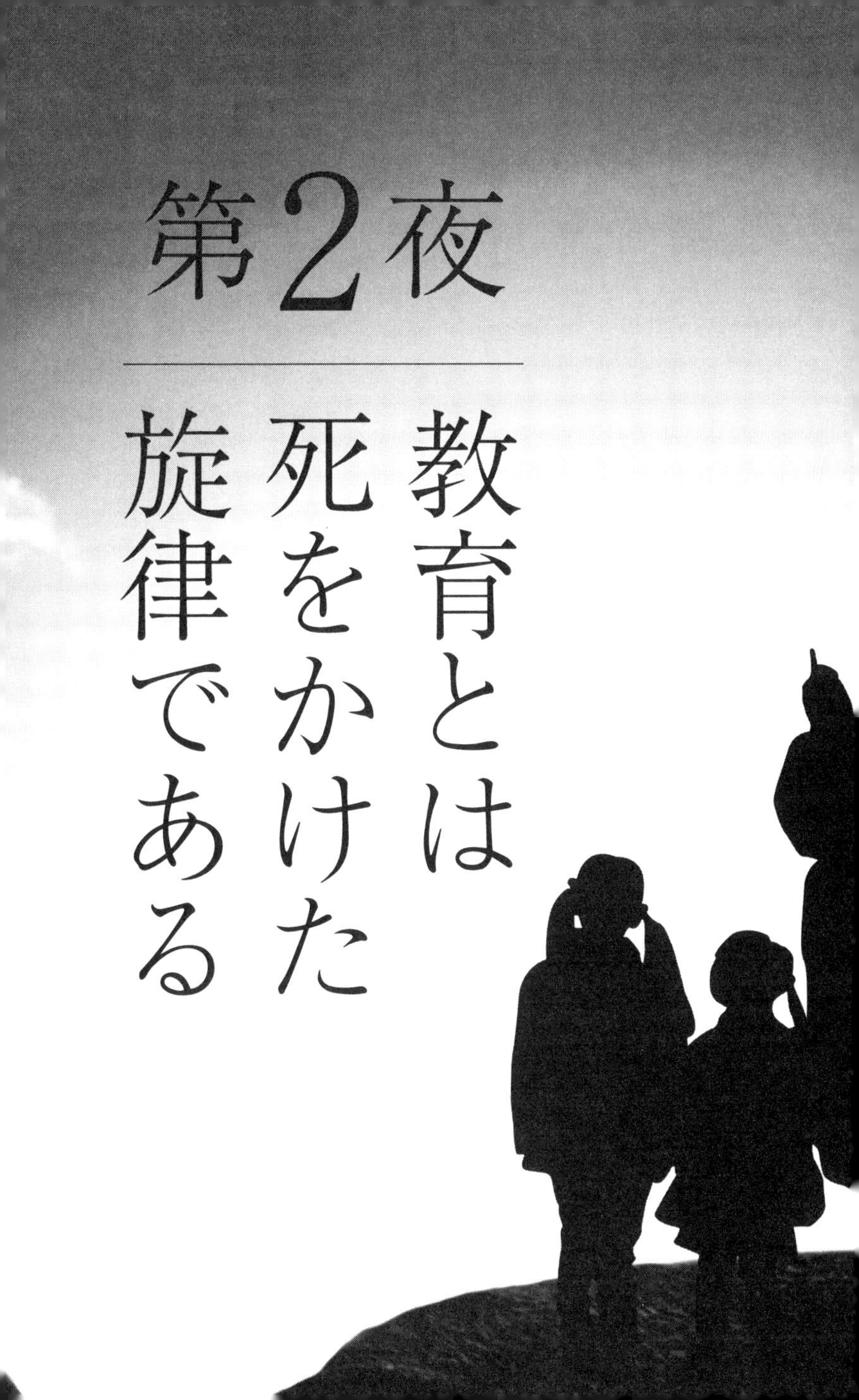

会社にすがって生きる時代じゃない。
会社に殺される時代。
高校を中退したKの方が生き残れる気がした

高校を中退した元生徒Kに最近よく会う。なんと言うか甘さが消えたというか、大人になったと言うか、明かに学生だった時とは雰囲気が違っている。

どう違うかといえば、人からヤレと言われたことができなくて悩んでいるのではなく、自分がどう生きて行くか悩んでいる感じがするのだ。

そりゃ、俺は忌憚なく何でも喋るから、一瞬、「てめぇ、舐めてんのか?」って表情になることがある。

元々どんな仲間も従えて来たやつだから、話題をリードされまくるのが頭に来るんだろう。ただ、変に周りに当たるような雰囲気がなくなっている。

「俺の本、鬼滅の刃より売ってやるからな」

「夢見すぎだろ?」

「100億は行くぜ」

「ははは」

「この辺の土地、全部俺のものになる」

「無理だろ？」

「１００億あれば本当にできるよ」

「それで何するんだよ？」

「omikoパークってのを作って、新時代の教育の拠点にしてやる」

「塾も当たりまえだけど東進くらいの規模になるかもな」

「そうしたら、K、子供ら見てくれよ」

「CMにも出てやる。今でしょ？　とか言ってさ」

懐かしいからだろう。他人に会わせる優しい表情をしていた、が、徐々にKの目つきが鋭くなる。

「この俺をリードしやがるか」

ってところだろう。

ただそこからが学生時代とは違う。無茶苦茶に暴れまくるのではなく、自分の身の振り方を考えている。エネルギーのぶつけどころを、生き残るための手段探しに使っている雰囲気がある。

「じゃぁな」

「おう」

そう分かれた時の顔は、中学を締めていた時に仲間に見せていた顔だった。

「あいつは本当にいいな」

俺も車を運転しながら、そんな言葉を抑えきれなかった。本当は聞こえるように言ったのだが。しかし一旦レールを外れて、生きる手段について本気で考えたあいつの気迫に惚れ惚れしてしまったのは嘘じゃない。

それが無きゃ、生きていけない。もう、会社にすがって生きていける時代じゃない。世界的ベストセラー『ライフ・シフト』には、「これからの人間は、少なくとも3回は職業を変えることを覚悟すべきだ」とある。

会社に生かさせてもらう時代じゃない。会社に殺される時代だ。パナソニックは45歳以上の技術者を皆リストラに出している。どこの大手もモノを作るのをやめ、ＡＩやＩＴ、いわゆるソリューションで生き残りを図っている。トップ中のトップ以外、誰も既存の会社の中では生き残れない。人は会社を頼らずには生きていけないが、会社は人を頼らずとも生きていけるようになった。だから、もうレールに沿うことでは生きて行けないのだ。自分独自で生きる手段を探らねば。

俺はＫの顔を見て「むしろそこから外れてみた方が良いくらいじゃないか」って思わずにはいられなかった。

そう言えば、２０２０年のセンター試験、現代文の問題文が面白かったんだ。

「小規模の森林火災は、その生態系にとって資源の一部を再構築し、栄養を再配分することで自らを更新する機会となる。こうした小規模の火災まで防いでしまうと、森林は燃えやすい要素をため込み、些細な発火で破滅的な大火災にまで発展してしまう。」

失敗やミス、あるいは損失ってものは、マネジメントの世界ではできるだけ避けるべきものだとされてきた。だけど、そうした冗長性（余裕を持たせることとか、ミスを許容すること）を許さないとどうなるか。

ある時、壊滅的な状況に落ち込んでしまうのだ。やっかいな話とか、面倒臭い奴とか、嫌な失敗とか、、、そんなものって実は、復活からの使者だったたってことか。

掛川のある小学校の校長先生に教えてもらったことがある。

「しっかりした先生の下だと実は不登校が出やすくて、逆に新米のダメ先生の下だと出にくいんです。」

って。

夜間中学の映画見させてもらった時にも思った。夜間中学って再起していく人たちが一杯いる。それって、ある種イイ加減な運営がされているのと関係あった。

映画作ったのは掛川出身の森監督。監督が、撮影の時に地元磐田出身の先生とたまたま出会って1時間話し込んじまった。その間、授業はできないいんだけど、、、「まぁ、それでいいか」、、、みたいになったと。冗長性があるわけよ。そりゃしっかりしてるトコもあるんだけど、わりかしイイ加減なトコもあるわけだ。

つか、そうは言っても、これまでのキッキツ教育も凄かったと思うぜ。偏差値至上主義って、、、実は俺スキだよ。だって、ドラゴンボールの戦闘力みたいじゃん。

「私の戦闘能力はＴＯＥＩＣ９９０点です」

みたく。

・・・まぁ、俺にはまだ遠いけどな。実際、ＴＯＥＩＣ界じゃイイとこ亀仙人ってとこじゃねwww？

で、話戻させてもらうけん夜間中学ってめちゃくちゃ多様なのよ。

だって、、、

・90歳のおばぁちゃんと

・現役中学生と

・どこかの聞いたこともない国の日本語喋れない人と

・他にも・・・・とかが、

一緒に勉強してる。

おばぁちゃんの夢は、文字を読み書きできるようになることだし、現役中学生の夢は、分数できるようになることだし、外国の人の夢は、自力で日本人の友達作ることだ。

こんな風に目標がバッラバラな人ばっかりだと、もはや偏差値どうでも良くなって来るらしい。そら、みんな上手く行ってないに。でも上手く行かない奴らばっかりの所にいると、めっちゃ失敗重ねても自分の夢の種を見失わないみたいなのよ。

確かにおんなじ目標持った、レベル高い奴らだけで切磋琢磨するのもイイぜ。東大とかハーバードとか、オックスオードとか、学習塾omikoとかに入れるかもしれんでな。

だけんそれって偏差値とか資格とか、誰かが決めた基準の下で争ってるってことだら？　自分の夢の種を自分で育ててる奴にはいつか勝てんくなる。

（ツッコまんぜ！）

外の基準でやってりゃ、基準が変わったらそれで終わりだ。何すりゃイイか分からんくなる。だけん、自分の夢を育ててけば、失敗しながらだけど、、、失敗の「その先」に辿り着ける。どんなにヤバくなっても、腐るほどの選択肢を見いだせるようになる。外からみりゃバカに見えるだろうがな。

安定した信頼性の高い世界なら、外側の基準に頼ってしまっても良かった。ちょい前の日本みたいにな。だけど、今はヤバイ。世界的にそうだぜ。

自分の基準で夢の種を育てられりゃ、成功とか失敗とかの次元を超えられるのよ。だって基準持ってんの自分だもんで、どんなルールにしたってイイわけじゃん。基準を自由にできるだもんで、負けようんない。ガチで今世紀最大の経営哲学者、サラス・サラスバシーもそう言ってるだに。「自分の哲学持って起業する奴らは、成功と失敗ってヤツから自由になる」ってな・・・。

これ、実はニーチェの『善悪の彼岸』の影響受けてる。サラスバシーは言ってないけど間違いないわ。

まぁ、成功とか失敗とか、勝ちとか負けとか、善とか悪なんて、結局「誰か他の奴の上から目線」に過ぎなかったわけよ。

んで、哲学持ってるヤツらって、いつか大成功するかもしれん。まぁ、ドエライ周り道する羽目になるかもしれんがな、俺みたくよｗｗｗｗｗ

・・・ふっ、草生えるわｗｗｗｗｗｗｗｗｗ

じゃぁ、、、どうすりゃそんな風に自由になれるか?・?・?・?

・・・昨日の映画の出演者の方みんなが、言ってたことんある。

「いろんな人たちの中にいると、なんか、、、自分の居場所を見つけられる気がするんです」って。

自分の基準、自分の夢の種を見つけやすいって話だに。

俺は質問したね。

「おんなじような奴らと一緒にいた方が、正直安心してられるって思ってた。なんでいろんな人と一緒にいた方が安心できるだかね？」

って。

そらもっと丁寧口調で質問しただけんな。

・・・ホント、クソほど面倒臭い質問すみません！！

ちょい話変える、、、。この話、ちょっとだけ待ってな。

今日（２０２０年1月19日）の読売新聞にあっただよ。

原作がめっちゃ沢山映画とかドラマになってる、超売れっ子小説家の早見和真さんの記事。早見さんみたいな方でも本屋に自分の本がないもんで、本屋さんが怖いんだと。これ、ガチで分かるわ(・᷄・∀・)

・・・だって自慢じゃないが、俺の本の方が売れてないでなｗｗ

イケイケだった早見さんの中学野球部時代。しかし後に巨人に行く2年先輩の高橋由伸の練習を見て、自分がニセモノだと思い知らされた。そして今、恐るべき努力のすえ小説家になる夢を叶えたが、他のさらにヤバイ奴らに今でも敵わずにいる。だから本屋さんが怖いのだ。

でも、それでも、、

それでもなんとか12年やって来れられたのは、自分自身を正しく認識してきたからだと思うのだ。〝ニセモノ〟が〝ホンモノ〟に埋もれないために。結局、他の戦い方は見つからない。

そんな風に語ってくれてた。

毎日原稿を書いてい
は自信があった例がない。
ある小説家の先輩は「もっと

ュー当時、久しぶりにグラブをはめた早見さん ©三宅英文

たのが引き金だ。中2の体験が鮮烈にフラッシュバックし、そして冒頭の思いを抱くに至る。

あれから12年、あいかわらず書店はこわいままだ。たくさんの〝ホンモノ〟の中で、いつも自分の本だけが埋もれて見える。ただ、それでもなんとか12年やって来られたのも、自分自身を正しく認識してきたからだと思うのだ。

〝ニセモノ〟が〝ホンモノ〟に埋もれないために。結局、他の戦い方は見つからない。

今日も、明日も、引き続き手を抜かずに書いていけたらと思っています。

読売新聞2020年1月19日より

自分の夢の種を自分で見失わない。夜間中学の生徒さんたちも、早見さんもだ。
でも、どうやったら自分を見失わずに済むんだろか？？？？？
・・・・その答えが、夜間中学の映画『ただいま2』の中にあった。失敗しながら生きてる奴。そんな奴らと一緒にいると見失わないのよ。自分が育てるべき、自分しか育てられない夢の種ってヤツを。人にさせられる失敗じゃないに。自分でしてく失敗だに。大切なのって。そんな冗長な生き方、「仕損じられる人生」を生きられることこそが、「自分の人生」だったんだわ。
で、失敗続きの「泥沼」が、実は、
復活の奇跡を起こす「聖なる泉」なんだと俺は思う。

最後のセンター試験（２０２０年）の問題と解答です。右下のQRコードで該当ページに飛ぶことができます。
国語の問題のPDFです(*^^*)　左下のQRコードで該当ページに飛ぶことができます。

https://www.asahi.com/edu/center-exam/shiken2020/day1.html https://www.asahi.com

https://www.asahicom.jp/edu/center-exam/shiken2020/pdf1w4ev8tr/kokugo_01.pdf https://www.as

物語はシナリオでできてる。だけど、シナリオを無視しないと、物語は始まらない

「やってみな分からん」

学者ってヤツらは意外にそんな単純な話を忘れがちだ。

サラスバシーらの名論文、『エフェクチュアル vs 経営学（マーケティング・戦略論）』読んでホンマにそう思ったわ。

これまでの経営学って、「どんだけ上手く・正確に・儲かる計画を立てれるか」ってのが超絶に重要だったわけよ。

例えばよ、「新型iPhoneは○○台売れそう」ってマーケティングの結果が出るとするじゃん。そのデータに基づいて設備投資どれだけするかとか、どれだけ人を増やすかとか、広告費いくらにするか、とか考えてく。

「どんだけ正確に計画を立てられるか」。マネジメントってのは基本的にこれだった。

・まずゴール決めて、

・達成するためにどうするのかって計画する。

この時、マーケティング・データを活用するワケだわ。

ＭＢＡなんかでも同じだ。どんだけ理知的に、思い描いた未来（ゴール）を達成するかって話だもんで。

し・か・し・だ！！！

ここに大問題が横たわっていたわけだわ。

「システムを維持する知恵」と「始まりの知恵」とじゃ、全く性向が違ったってことなんだわさ。

「永遠」と「始まり」とは真逆の法則で動いてる。ソイツを、天才サラス・サラスバシーらが見つけやがったのよ。

システムを維持するためにゃ、既存の手順をどんだけ精緻化させていくかってのが大切だわ。

「どんだけ間違えずにやるか」とか、「どんだけ失敗しないか」とかが重要んなる。米倉涼子みたいに「失敗しないクールな奴」が持てはやされるワケよ。
・・・そんなヤツぁいないいけんな。
で、それが人間が欲してきた「永遠の知恵」なワケだった。
だけん、
だけんが、だっぜっ！！
今まで人類史の中で誰一人足りとして気づけなかったけん、「始まりの学問」はそうじゃなかった。

「兎に角やってみんきゃ分からん」

「最初のアクションくらい、成功するかどうかなんぞ二の次」

何かを始めるのにゃぁ、そいつの方が大切だったワケだわ。

意外にバカですまんし、こんなん月並みかと思うかも知れん。だけん、ちょい待ってよ。オモロイの待ってるでね。

つか、「始まり」じゃ誰でも色々と失敗しやがるし、安定を捨てて危なっかしいことしやがるもんでバカだと思われる。だもんで全然クールじゃねぇのよ。

ただ、、、死ぬほどアツイ奴だけんなｗｗｗ
で、、、だぜ。
・・・・・・システムじゃねぇのよ。「始まりの知恵」なわけよ。今、必要なのってよ。
人って、これまでやってきたもんは、大概できるのよ。
・・・難しいのは「始める」ことだ。
例えば、、、、
この前、田辺鶴遊《かくゆう》師匠っつう静岡出身の講談師、しかも真打の方の話を聞かせてもらった。いつも通り大先輩中溝さんの主催だぜ(*^^)v
鶴遊師匠ってめっちゃお喋りだけん、実は若い頃の師匠って、まったく人と喋れん人だった。

「何が難しいって、喋り始めるのが難しかったんです！！！」

「一回調子に乗っちまえば何とかなるんだけど、兎に角始められねぇ」

って。

不登校の生徒さんとかも結構そういうとこあるじゃん。学校「行き始める」のん難しい。

宿題できん子も、宿題「やり始める」のん大変なのよ。漢字ノートに最初の一字を書く。そいつんどーしてもできない。。。

・・・・・ガチでだに！

起業もそう。「始める」のに勇気がいるのよ。

システム維持するためにゃ、データ分析してしっかり考えるのが大事だった。

だけんよ、始まりの学問はそうじゃねぇ。カエルとかカメレオンが動いてる獲物しか捕らえられんみ

たく、始まりってのはどうやら、動いてる中でしか捕らえられんみたいなんだわ。座ってちゃダメなのよ。

始まりって、始めてみなくちゃ捕らえられん。

・・・何とも因果なヤツだぜよ。

水泳始めるのに本読んだだけじゃ始まったたって言わねぇ。

恋愛ドラマ見ただけじゃ、恋が始まるはずんねぇ。。

やってみな捉えられん。始めてからじゃなきゃ、始まらんのだ。

・・・・・・・

・・・・・・

・・・・

じゃぁよ、「どしたら始められるか」ってのがポイントになるじゃん。恋も起業も不登校もな。

サラスバシーらはさ、兎に角そのためにゃ「予測」すんじゃねぇって言うのよ。

言い換えりゃ、

プランとか、

シナリオとか、

皮算用とか、、

企画とか、、
目論見、、
はかりごと、、
策略、、
謀略、、
こいう「自分の策」に囚われるのが一番ヤベェって。
法則って安定を意味してるわけだけんが、安定とか安心を求めると、何にも始まんないじゃん。
・・・恋愛も起業も旅もそうだわ。。。
これに頼ると、現状を脱出できなくなっちまう。ヤバいやつは、ヤバいままんなっちまう。

策略すんじゃねぇ。「はじまり」に戻らにゃ。

「良く分かんないけど、何か巻き起こしてやろ！」って感じだわ。
・・・・・もち悪いことするだけじゃなくって、縁をつくってみようとか、縁を起こしてみよって話だに。
言ってみりゃ、「縁起」を大切にしてんのよ。

こいつ、これまでの科学とはどんな風に違うか。

サラスの論文を見てみるに！

起業ど素人（MBAの学生）と起業玄人との違い！！

起業ど素人は、「どんだけ儲かりそうか」ってのを追及した。（策略）
起業玄人は、「どんだけ損しても大丈夫か」ってのを追及した。（覚悟）
ど素人等は、誰に何をやってもらうか、とか、どんなモノを使うかに拘った。（策略）
ど素人は人と喋らなかった。（謀略的）
玄人らは、兎に角、人と交わることに拘った。（縁起）
・ガンガン人と喋った。
・売る時にも顧客と直接会い、交流が生まれるのを重視した。
・会社作る時にも、「誰と一緒にやれるか」を考えた。
・知ってる人・出会った人とで生じるアクションを積み重ねて「市場を創出」して行った。
ど素人は最初設定した市場機会に拘り続けた。（策略）
玄人はガンガン色々な市場機会を見つけてった。（市場の掘り起こし。市場とも縁を起こす）
素人は価格設定とか、ターゲット顧客とか、市場動向など部分に拘った。（戦略・完璧主義）
玄人は全体を見てた。（イメージを掴む。会話の種となる。縁起的）
ど素人はシナリオ重視。（プログラム的。策略的）

玄人はシナリオ無視。(冒険的。物語とか縁が起こる)

整体師の松本兄貴に教えてもらったジャズ喫茶に『ジャズる縄文人』って怪しい本があった。

こいつが面白くって、

「ある程度自分が間違ってるって分かってて、いくらか考えを変えるつもりがなきゃ、会話なんぞ全然成立しない」

って話があった。

いかにもジャズっぽいじゃん。即興なのよ、プランがあるんじゃなくてよ。
・・・これ、音楽の世界じゃ「Hip」つうらしい。
ここで、

「Hipって何だよ?」

って話になるじゃん。

モチ紹介させてもらうぜ!!!

スラング辞典にゃこうあった。

「クールを越えたクール。そこに何かを見つけられる、友情の頂点。流行の格好良さも伝統の格好良さささえも超えた、格好よさ(cool)の頂点。ただし、一歩間違えるとdeck(殴り倒す)こと

になるが、決してdeckと間違えないようにな」。（私訳）

ジャズでミュージシャン同士が技を競ったり、テレビで芸人同士がやり合ったりしてる。想像するのは白熱教室とか学会発表でもいいぜ。ある種の緊張感の中で繰り広げられるガチバトル。本音中の本音の晒し合い。

裸の気持ちでお互いに自分自身を高め合う。維新の志士のぶつかり合いみたいなやつ。あるいは親友同士のジャレ合いなんかもそうだ。気持ちが分からないやつにやったら殴り合いになるでな。

多分だけど、そいつがHipだわ。ま、俺は音楽疎いもんで正確なトコは微妙だけんな。。。だもんで小奇麗に「話し合いしましょう。怒っちゃいけません」とか、「論理的に行きましょう、感情的にならずに、」とかって奴じゃないに。

『ジャズる縄文人』じゃ、Hipと従来の科学(Square/ Deck)とで、こんな対比がされてた。
・・・ちょい改変したけんな。
Hip　×　Square（杓子定規／Deck)
問い　×　答え
子供　×　裁判官
私生　×　堕胎
ジャズ　×　クラシック

本能　×　論理
野性　×　家畜

物語はシナリオでできてる。だけど、シナリオを無視しないと、物語は始まらない。

既定路線じゃねぇ。その瞬間瞬間に相手とどうぶつかり合うか。

モチ、危ない話だけじゃない。話しかけたヤツがどれだけ爽やかな気分になってくれるかとか、もっと話したいとか、友達になりたいって思ってくれるかとかが大事だ。

だもんで瞬間瞬間に奏でられる〝Hip〟が勝負なわけよ。

既定路線のゴールなんか関係ない。瞬間に弾ける至高の友情。そこに真実の全てが詰まってて、全ての物語がそこから解放される。

「始まり」に全てを捧げる。策略とか方程式なんぞ全て捨てちまえ。ニーチェが言ってたわ。安定求める法則みたいなもんは、人に烙印を押す呪いに過ぎないってよ。〇〇だから、〇〇の資格を取ったから大丈夫、なんてのはクソだってことだ。

そら、これって無計画っつえば無計画かもしれん。だけんちょい待ち。ユングがコンステレーション（星座の付置）って素敵な哲学を残していってくれているから。

瞬間瞬間の対話が産み出す友情。時間を経てそいつが積み重なった時にゃ、あたかも天球にそ

びえる星座の如く、いるべき人がいるべき場所に付置することとなり物事が動き出す。
　その時、天が賦与した貴様の隠されていた命運も展開し出すのだ。

烙印じゃなく、紋章を授けてやる。
出帆しろ。

お前らこそ始まりの物語の表紙となる、伝説の勇者たちだ。

第3夜

神は死んだ。

戦略論・マーケティングの時代は終わる。

「寺で死ねれば本望。娑婆で死んだら哀れ。まったく娑婆は、餓死することもままならぬ」

怪僧、関大徹が著書でこう言ってたわ。

エフェクチュエーションっつーのは、何とも仏教チックな理論だ。俺はそう思った。上の大徹の言葉に本質が凝縮されてるのよ。インドで生まれたサラスじゃなきゃ、この理論生み出すのは無理だったわ。西欧人じゃ絶対無理だろ。だってエフェクチュエーションって、完璧これまでの科学に対するアンチテーゼだもんでだ。

例えばよ、最近とみに重要だって叫ばれてるキャリア教育ってあるじゃん。もちろん、そこじゃ「計画」ん大切になってる。

・プロ野球選手になりたい。
・サッカー日本代表になりたい。
・お医者さんになりたい。
・美容師さんに・・・

なんでもイイに。モチ俺も、こういうのって超・超・超・超大切だと思うに。

だけん実は、、エフェクチュエーションが最も敵視してんのが、その「計画」なんだわ。

何故かって？

野球でも「勝利の方程式」とかあるみたく、これまでの学問って「法則」を見つけることとん一番重要だったのよ。法則見つけられりゃぁ、永遠に安泰だもんでだ。

一生安泰
・・・そのために何が必要か？ってことを探るんが科学の命題中の命題だった。遥か昔の秦の始皇帝だって、徐福《じょふく》ってヤツをわざわざ俺の故郷の静岡県大井川まで寄越して不老不死を探ったのよ。徐福が富士山見て、「あれが蓬萊山か」とか言ったたって記録が残ってるくらいだわ。昔々のその昔からみんな、不老不死になりたかったんだ。
ベジータと同んなじだな！

そう！　一生安泰とか、不老不死とか、永遠に楽しみまくることとか・・・。そいつらを可能にすることこそが科学の目的だった。
・・・・ずいぶんヨコシマな話になって来たわ～（汗）
モチ異論反論大量にあると思う。だけん、そう断言しても過言にはならん。大枠でこの通りだもんでだ。

しかしここで大問題が発生しちまったのよ。

何かっつやぁ、、、、、

「永遠を司る法則」

と

「始まりを司る法則」

こいつら二つって全く異なってたってことなのだわ。今までわよ、「永遠を司る法則」、、、「科学」だけに人類はド派手なスポットライトを当てて来た。誰だって永遠大好きだからな。

で、ここで従来の科学を完全否定したんが、始まりの学問、エフェクチュエーションなのでございます。

じゃ、始まりの学問がないとどう困るか、そいつを説明させてもらうぜ。

例えばさ、会社始めること考えてみるに。つか、もともとエフェクチュエーションって起業の論理だもんね。

サラスも言ってるだけん、起業できないパターンでめっちゃ多いのって、「起業したら、給料下がるんじゃね?」って思っちまうコトなんだわ。

実際まぁ、何の保証もないもんでその通りになる可能性あるぜ。だけん、そやって「計画的」に考えてると結局何もアクション起こせんのよ。

まぁまぁまぁ、、、

・・・言いたいことは分かるに。
「給料下がるって？　それじゃ、起業なんぞしん方がアタマイイじゃねぇか！」

「バカみたくアクション起こすだけが能じゃねぇだ」

って話だら？

でもさ、ちょい待ってよ。

ちょいとだけ話続けさせてもらうでね。

エフェクチュエーションが「無計画」かって言うと、それはそれでちょっと違うのよ。確かに、
エフェクチュエーションは「計画的」とは完璧に違う。だけん「無計画」じゃねぇ。

一体全体、何なんだコレは？？、、つーと〜、、、、、
エフェクチュエーションってよ、

「やるべき事に対して、賭けに出られるかどうか」
・・・って話なんだわ。
サラスバシーはよ、

「これまでの科学、戦略論とかマーケティングでわねー、

『いくら儲けたいか』

『どうやったら今より儲けられるか』

っていう風に考えましたわよね。
それに対してエフェクチュエーションでわねーー、
『いくらまで損していいいか』
『どれだけ犠牲にできるか』
って考えるのですわよ」
って言ってんですわよ！
若干口調が悪意に満ち満ちていて頭に入って来づらいけん、言ってみると、、、
「『儲け』ようとする」、んじゃなくって
「『賭け』に出る」
そいつがエフェクチュエーション、すなわち始まりの学問だってことだわ！
確かによ、
「始まりも永遠も、おんなじ法則で動いてるじゃないだか？」
って、、、疑い深いあなたさまはそう思うかもしれません。
だけんモチ、それがちょぃと違うんだわ。
だって賭けに出るって、計画性から見るとバカ極まりないことじゃん。
「確実に金が入ってくる安定した環境捨てて何してんねん！」

って。

「女房子供どうすんのよ〜？」

「誰かに迷惑かけるぜ？　分かってんのかこのバカ！」

「現実見ろよ、スットコドッコイ！」

とか言われがちじゃん。

ハロワで「月給20万円」って仕事に就くのと、いくらになるか見当もつかねぇ会社始めるのと
じゃ、そら安定性が違うわな。

サラスはよ、こういう「賭け」するのに必要な力に名前付けてんのよ。「バカ・テクノロジー（foolish technology）」って名前をな。
・・・・・・何ともイカした奴だよマジな話。ガチでこの女はョ！
・・・・クソッ、有能すぎてムカついて来るわww
・・・く〜や〜し〜〜わ〜〜〜〜！！！くぅーーーそーーーーーーー〜！
で、気を取り直して、そのバカ・テクってのが何かって言わせてもらうように。（冷静）
そいつは3つに集約されるのですわ！
すなわち、、、
1．私が誰なのか、を知ってること。

2. 誰が私を知ってるのか、を知ってること。
3. 私は何を知っているのか、を知っていること。
サラスさまはドン・キホーテの例をあげてる。ドン・キホーテって、自分が誰なのか良く知ってた。だから超絶無謀なことに挑んだんだって。

「誰がどう言おうが、やらなきゃいかん。オレはオレが誰なのか知ってんだよ！」

って！
・・・騎士道とか武士道、そいうのと良く似てるな。
1. 私が誰なのか、を知ってること。
2. 誰が私を知ってるのか、知ってること。
3. 私は何を知っているのか、知っていること。
自分が誰だか知ってると、人に会える。仲間を作りたくなる。そいつが2. につながるのよ。そっから人と色々話して、行動的な知識が明確になってく。単なる机上の知識じゃないに、行動的な知識、、、

「おぉ！　オレも絶対やったろうじゃん！」

みたいなヤツ。

オレ自身、友達の起業家の佐藤英太郎さんが、カウンセリングを経営に生かして成功されてた。

そいつを見て「絶対オレもやったろう」って思ったんだわ。カウンセリングを経営に活かすって、他じゃどこにも相手にしてもらえんかった。だけんさ、、、

「自分でやりゃできるじゃねぇか。こ〜いつぁ〜盲点だったわ、絶対ヤッたるZE」ってなった！

こうして、だんだん動く知識になってくのよ！　人と会わんとこうはならんぜ。
2. とか3. になるに従って、現実的な側面が強くなってくる。モチ、儲けてちゃんと生きてかにゃいかんでな。だけどこれって、マーケティングとか戦略じゃないに。「犠牲になったってヤったるわ」みたいな、儲ける計画とは逆のバカ・テクだもんで。
だもんでよ、俺は思っただよ。またコレ言ったら怒られそうだけんがさ。。。
・・・・ビジネスプラン・コンテストなんかじゃ「その事業でどんだけ儲けられそうか計算しろ」って計画立てさせられるのよ。そうじゃねぇわ。そうじゃなくって「おまんの資産と時間、それとおまん自身をどんだけ犠牲にできるか見積もって来んしゃい！」じゃね？　やんなきゃならんことって逆だったのよ。エフェクチュエーション的にゃぁそうだら！？
ごめんなさい！　でもマジだに〜(≧∀≦)
一つ参考になる理論があるんだわ。大心理学者のピアジェってヤツが「ジコチューって何」かって明らかにしてたことですわ。

ピアジェによると、、、

「他人がどう自分を見てるかって思いをめぐらせること。それができたらジコチューじゃぁない」

・・・ってなってる。なんか意外じゃね？

経営学の神さま、ドラッカーもこんな風に言ってる。

「あなたの墓標には、どんな言葉を刻まれたいか」

「あなたの弔辞には、どんな言葉を贈られたいか」

こう考えてみろって話してくれてんだわ。マジもうこいつってホント、戦略論とか科学っつーよりも哲学だわな。俺の友達の佐々木秀昭さんなんか、本当の話だけんドラッカーのこの言葉切っ掛けにガチで復活したんだわ。もう、どうしようもないヘナヘナ野郎から、子供に親しまれるしっかりしたお父さんにな！　なんかスゲェら？

だもんでよ！！！

生き方じゃない、死に方を探せ。

戦略じゃない、哲学を築け。

マーケットじゃねー、汝自身を知れ。

利口じゃねぇ、馬鹿であれ。

エフェクチュエーションってこうだ。まさに怪僧の生き様だな。これオレ、大徹師が導いてくれたんかなって、半ばガチで思ってんだわ。大変革の時代に現れた新時代を開く大理論。

まーー、こんなんスグに俺の理論で超えてやるけどな！

ただ、間違いないことん一つある。

世界はこれから永遠じゃなく、始まりを志向するようになる、ってことだ。
・・・コイツだきゃぁ間違いない。

禅、はじまり

果たして僕は、他者を見ていたのだろうか？

ジョブスが傾倒した鈴木俊隆《しゅんりゅう》禅師。彼の書籍を読み終わって、僕はそんな風に思い始めた。

禅は常に、初心者でいられるかどうかを、自らに問う。

いわゆる「初心」だけど、、、そう、初心と言われればなんだか凄いことがその本に書いてある感じがする。けど、実態は逆だった。兎に角何にも凄くない「初心者」が、逆にどれだけ凄いか全編通して力説されている。俺は読んでいて本当に、何とも爽やかな気分になれた。

そうだ、朝の愛犬モコの散歩みたいな気持ちだった。

正直なとこ、還暦でもあるまいし４５年も生きてきて「俺は初心者だ」はないわ、と思わないでもないのである。ただそんな時は、明らかに闇落ちしていてなんだか批判的な、糞ほどイヤな奴になり下がっているんですよ。すみません。。。

なんつぅか、人を見れなくなっちゃってる。だもんで、冒頭の考えが頭をよぎるのです。

つか、そもそもである。初心者って何よ?と。

例えば書道をする時、初心者だったらどうするだろか。

上手く書いてやろうとか、イイこと言ってやろうと思うのが世の常だ。つか、まさにこれを書いている今の俺である。。。

しかし禅は全く違う。シンプルに、真っ直ぐに、書く。しかも最高潮なシンプルさと真っ直ぐさで書くのだ。何というか、小学生男子がはじめて何かを習ってみるような感じじゃないかと俺は思うのだ。

「今、お、お、お、俺は、、はじめてモノを書くという経験をしている！！！」

そんなヤツだ。

禅師はこんな風に言ってくれてる。

「全部やねん！　全部はじめての感じで見んねん！　分かるかいな?！　はじめて見るもんなの

に俺はスゲェ分かってるとか、アイツは分かってねぇとか、はじめてなのに達成してやったぜとか、全然ダメやんけ俺とかあるはずないやんけ。だもんで、はじめて見るもんってのが、全部の可能性に開かれとるホンマもんのそいつなんやで。ガチの経験そのものなんやで」

なんというか、はじめてパソコン触った時のあのワクテカとか、はじめて塾に通ってみたあの匂いとか、初心者こそが見れるガチってものが確かに存在してるのだ。

俺らは経験とか学びを積み重ねた先の「到達点」ばかりに目をくれてたけど、到達点ってのは逆に何かに汚れちまってるところがある。俺は到達、アイツは馬鹿みたいに。ある種、綺麗に掃除しんといかんものだ。

面白いのが、〝はじめて〟ってのにドンドン戻ってくと「俺って何だ?」って疑問が出てくるとこだと俺は思う。そいつを思い起こして対話してみると、炎天下の日差しの中でパソコンを打ってててアホちゃうかという目でギャルに見られたって、ジブンを突き通して書かなきゃいかん、完全無料で一円にもならんブログを書けるようになる。

そう。何にも羨ましくないけど、バカさ加減が羨ましいやつだ。

そいつが初心。最強だな。

初心者の目で見りゃぁ、俺が誰なのかが分かる。でも逆に言ってみれば、初心者に戻らなきゃ俺って何なのか分からないってことになる。そら、肩書みたいなもんは分かるぜ。だけん肩書じゃないじゃん。例えばよ、黒沢明の『生きる』みたくイイとこの課長になったって、「その男は生きながら死んでいた」みたいなナレーション付けられちまう。そんなのホントの俺じゃないら？

そう。俺の方がマシだ。

マジな話をさせてもらうと、本物の自分とか他者が見られなくなる。だから初心者じゃなきゃ駄目なのだ。初心者じゃなきゃ自身が何なのか見つけられないのだ。

情熱は始まりの町で生まれる。到達点に向かって生きるのって、死ぬために生きてるようなもんじゃないか。ワクテカするために生きてるんなら、冒険すればいい。冒険しなきゃ死んだも同然。バカできなきゃ、そいつは死人なんだ。

成功と失敗の判断基準を超える。サラスバシーが見た起業家みたいに。

アイツはバカだとか羨ましいとかは、どうでもいい。

はじまりの町に戻れ。お前はいったい何なのかを思い出せ。

自分自身を見られないのなら、他者もまた存在しえない。本物の自分自身でない時に見ている他者など、単なるモノに過ぎないのだから。メリットがあるとか無いとか、命令に従うとか従わないとか。そんな話はどうでもいい。

はじまりの町にもどれ。お前はいったい何なのか思い出せ。

それが禅なのだから。

心を牢獄に閉じ込め、その身を天空へと羽ばたかせろ

スコラ哲学以来、人は正しいものに立脚することで他者と分かり合おうとしてきた。M．ウェーバーの『プロ倫』に詳しいこの話、少々概観させてもらいたい。

宗教改革者ルターの時代、キリスト教は腐敗しきっていた。免罪符のように、聖書に何も根拠を求められないものを使いカネを集めた。一生に一回しかミサをしない神父とか、20年で1回しか説教をしないような司祭で溢れていた。教会自体が単なる集金システムに堕してしまっていたのだ。

こうした状況を憂い、ルターは聖書に基づくキリスト教教会を志向することになる。それがプロテスタントだ。原点回帰、その精神に何の過ちもない。

しかしである。その後、プロテスタントディズムの倫理は拡大解釈されてゆく。

聖書に基づくこと。確実なものに基づくこと。正しいものに立脚することを原則とするスコラ主義が大手を振るようになったわけだが、正しいものとはすなわち「目に見えるもの」だと考えられるようになってゆく。

目に見える「モノ」「カネ」「ステータス」。人間はそうした確実なものに立脚すべきだとされ、だからこそ資本主義が形成され得た。これがプロテスタンティズムの倫理と資本主義との関係である。また、事実やエビデンス（証拠）に基づく「科学」というものが発達したのも、このお陰だと言える。

しかしである、人は確実なものだけに立脚すべきだという意識によって、夢や希望、さらには「救い」ですら不確実でクダラナイものだとして棄却されてゆくのだ。

「私は神に救われる」

「私には夢がある」

「・・・もっと現実を見たらどうだ」

こうしたやり取りが巷に溢れていることには、もはや証左を待つ必要もない。

ウェーバーはさらなる衝撃的な指摘をしている。

「神は救いの力を奪われた」

「この神は人を救わない」と。

そして今、まさに救いをもたらすことのない産業という名の神により人はどうなったか。EUでは5億人の人口のうち、3億人が鬱で投薬治療を受けている。0.4ポイントを超えると暴動が多発すると言われるジニ係数を見ると、世界のジニ係数は0.7なのである。

ここに提示したい。

そもそも人というものは、正しいものに立脚して存在しているのだろうかと。

私の先輩に松本直之さんという方がいる。彼が「偏愛マップ」というものを紹介してくれた。古い映画に異常なほどの偏愛を持っているとか、電車にハマりにハマっているとか、30年前の初恋を忘れられないとか。

そうした少し恥ずかしいものをお互いに絵に描いて紹介し合おうとするものだ。偏愛を告白したもの同士は、驚くほど仲良くなることができるのである。

実際、こうした状況は想像に難くないと思う。起業家が何故起業するのかという研究があるが、それにしても「起業家は偏向により起業する」という結論だった。

正しいことではなく、変なこと。我らは「自らの偏愛」について自覚する必要があるのではないか。

例えばカウンセリングの神さまと言われたカール・ロジャーズ。彼は生涯の研究を三つの単語にまとめている。

受容

共感

一致

の三つだ。

こうして単語を並べると耳障りの良い、単語帳の優等生が並ぶように見えるが、実際は違う。

例えば「受容」という単語一つを取ってみても、極めて興味深い話が展開されている。

菊川市の哲学カフェというイベントに参加した時、ある臨床心理士の方が問うていた。

「受容とはそもそも何なんでしょうか?」

と。

彼はロジャーズに明るい人物であったわけだが、その答えを示すことはなかった。

こうして改めて問われてみると、極めて明快だと考えてしまいがちな一つの単語の奥深さが浮き彫り立つのである。

ロジャーズの言う「受容」とは実は、他者と自分とは違うものなのだと、はなから諦めることを示しているのだ。

２０１９年に静岡大学で開催された国際フッサール学会。そこで議論されていたのは、「人類は皆同じだ」という極めてナイーブな論理であった。受容とはそうした話ではない。

例えば私の学習塾に来ていた中学生が、例によって祭りの日に髪をド派手に染めた。親御さんらは当然にして嫌がるわけだが、近所に住むブラジル人コミュニティの中学生らが髪を染めても気にすることはない。

「そりゃぁ、文化が違いますからね」

こうして違いというものが許されるのである。彼らは親子ではあるが、日本とブラジルほどの意識の違いがあるのかもしれないと、ふと思ったものだ。

偏愛マップにしてもそうだ。偏愛すなわち「愛すべき違い」に基盤を置くと、人は話をするようになる。

しかしブラジル人生徒の例を見てもわかるように、「人は同じである」とすると、我らはどうしても優劣について考えてしまう。真面目生徒と不良学生を序列付けてしまうように。

そこで始まるのは会話ではなく叱責であろう。

ロジャーズの中核三要件は以下の三つである。

受容　他者は自分と違うと分かること。諦め。

共感　他者に耳を傾けること。　　　　野次馬。

一致　自分のやり方に自由であること。勝手さ。

最後の「一致」が「勝手さ」、を意味している点には解説を加えさせて頂きたい。

私の大恩人に中溝一仁さんという静岡の起業家がいる。彼の集まりは凄く不思議で、何というか本当に自然体でいられるのである。

中溝さんとは非常に不思議な方で、とても物腰柔らかなのだが極めて我が強い。変な意味ではなく、とてつもなくお喋りなのである。

彼の誕生パーティーに出席させていただいた時の話を聞いて欲しい。まずは中溝さんの語りから始まるわけだが、9時ごろから始まったパーティーで大人しく独演を聞いていると、終電の時間になってしまったのである。

静岡在住の兄貴らはそのまま深夜まで楽しんだのであるが、僕は用意された豪華なディナーに一箸も触れることなく帰宅するハメになったのだった。

なお、後ほど埋め合わせとして美味しい料理を奢ってもらったことを、ここに付け加えなければなるまい。

中溝さんは何ともそんな感じで「勝手」なわけではあるが、自身でその勝手さを愛している。我らもそうすると中溝さんの「勝手さ」を愛してしまうのである。

他にもである。想像してみて欲しい。主催者にしても自分にしても、他人に気を使いまくる飲み会などに、自主的に何度も参加したいと思うだろうか。一人一人の身勝手さ、偏向と偏愛を認める場所でなければ到底、心底楽しむことなどできはしない。

だから、ロジャーズの中核三要件を一言でまとめるとすれば、それは偏愛であるということになる。我らは自分が偏愛者であることを理解する必要がある。自らの偏愛性を認識してこそ、他者を他者にできるのである。

すなわち、自分の変人ぶりを認識し、自らを他人にすること。自分は変なのだと自身で認識することと無くして他者の受容はない。他者と違うのだと自らを諦められて、それが愛おしいからこそ他者が違うことをも愛せるのである。そこから共感や一致が生まれるのだ。

この偏愛を認識する作業、実はかなりの大仕事である。人はこれについて、一生自らに問わねばならないのかもしれない。

だから、

〜〜〜　拝啓、貴兄姉さま　〜〜〜

「私はどう変なのか？」

これについて是非とも自らに問うて欲しいとおもうのです。

違う。立派なことを語って欲しいのではないのだ。。。

「研究に没頭している」

「仕事中毒」

「人に優しすぎる」

そうではなく、間違った恥ずかしいことに対する愛情を探して周りに晒して欲しいのだ。

どうであろうか、見つけられただろうか。いやできまい。私もおぼろげな偏愛マップを作るのに、一週間かかった。かなり難しい作業であることを理解して頂きたい。一生考え続けねばならないのかもしれない。

確実なものに立脚してしまえば、人は格差を考えざるを得ない。スコラ主義以来、我らはその罠にハマってきた。しかしである。偏愛に立脚すれば、違いに立脚すれば、そうはならないではないか。

我らは間違いという基盤に立つ必要がある。愛すべき馬鹿さ加減という間違いの下に。正しさに立脚すると破滅してしまうから。

愛すべき馬鹿さ加減、偏向。それを愛せば愛せるほどに、言葉が溢れ出すから。

嫌いになるどうしようもなさ、ではないのだ。誰かを傷つけたり、何かを奪ってしまうような。

そうではなく、好きになれるどうしようもなさなのである、偏愛できるものなのである、世界が立っているのは。

ならば、起業家が偏向を基に起業するのは何故か。何を言われようが、俺は好きだからだ。すなわち、自分で自分のことが分かっている。だから起業できるのだ。ドン・キホーテが、何を言われようが自らを貫いたように。

偏愛の理解とは、自己の理解。

心は内向し、体は外向する。

心は閉じ込められて引きこもっている必要がある。

お前は変だ、外に出しては恥ずかしいものだ、と。

性と似ているものを、心という鳥籠の中で愛でるのだ。それを愛さざるを得ない。男と女が偏っているように、人は偏っている。

そして世界が回りだす。

だから、
心を牢獄に閉じ込め、その身を天空へと飛翔させろ。

人類史上最大の改革と言われたスコラ主義。それによりもたらされた資本主義は救いの神を殺した。だが資本主義は超克され得る。すなわち神の復活の鍵はまさに、私のとなり松本直之の変態性に存在していたのである。

Aoyama Book Club kai

東京の青山にBook CluB 回《カイ》という本屋さんがある。例によって先輩の松本直之さんに教えてもらった書店だが、素敵なネットショップもされているのだった。

〝回〟でセレクトされていた本に、『風邪の効用』という目を引く題名の本があった。紹介文を読んで、すぐに購入を決めた。こんなものである。

「風邪をひくと、何も考えずに薬を飲んで一刻も早く治してしまおうとする私たちの観点を180度くつがえす本書。風邪は、体が悪い状態になっているわけではなく、むしろ偏り疲労を正常な状態に戻し、より進化するための兆候であるとの考えは、かなり斬新なものである。・・・（後略）・・・」

著者の野口晴哉氏は、「整体」という言葉を作り出した張本人。そして実に日本三大奇人の一人に数えられることすらある方だ。

確かに氏は、「風邪は自然の整体法」なのだと語ったりするものだから、タイトルだけ見て早合点する西欧医学者などにとっては大奇人に映ってしまっても仕方がない。

が、もちろんキチンとした理由があっての論なのである。

風邪にかかったら辛い。だけれども、風邪というものは偏った動きで固くなってしまった体をほぐす役割を果たしているのだという。だからこそ治った後はスッキリするではないか、と、野口は言ってくれるのだ。風邪は自然の整体法なのだと。

僕は思ったのだ。おぉ、これほど世の中に忌み嫌われてしまっているものに、ここまで大きなスポットライトを当ててくれるとは！！　回さんの書籍紹介を読んだ瞬間、何とも自分のことのように嬉しくなってしまった。

そして流石は奇人、いや偉人である。野口の論はさらに中盤にかかって冴え渡ってくる。

深層心理という言葉がある。何を隠そう私自身も大好きなのだけれども、氏が使う言葉は実に単純明快だった。深層心理などという分かったようで誰も分からないような言葉ではなく、そいつを「空想」と云う単語で表現していたのだ。

そして、である。大切なのは意思や思考などではなく、空想の方なのだと彼は言うわけだ。

例えばこんな風に。

「お前はバカだ。だから勉強しろ」

そう言われ続けた子供がどうなるかと云うと、「俺はバカだ」と云う歪んだ空想を形作ってしまい、その上で「意思を持って勉強しろ」などと言われるものだから、さっぱり机に向かうことができないのだと。確かにこれでは勉強などできるハズもない。

「意思」は空想に沿った動かし方をせねば、そもそも整わないし実行しようがないのである。
・・・ちなみにこの辺りからは私の独自が働いているからして、僕はしばし世間で言われているような、「受け売りホラ吹き馬鹿野郎」などではないと思うのである・・・。

そう云えば起業家が何故起業をするのか、といえば、「起業家は偏向しているからこそ起業する」のだった。

確かにその通りではあろう。だが野口流に言ってみれば各段に分かりやすくなる。「彼らは空想を大切にし、空想に沿って動いているからこそ起業できる」のだ、と。

人は、これまで空想と愚行とを同一視してきてしまった節がある。空想をいい加減なものとして、軽蔑してきてしまった。

しかし、だ。アリババの創業者ジャック・マーが「アリババと40人の盗賊」に影響されて、事業を為してきたこととか、サラス・サラスバシーの大理論にもあるように、起業家が土壇場で参考にするのは物語や哲学や詩であって、理論ではない。

空想と愚行とは全くの別物なのだ。そして愚行などとは異なった「空想世界」というものが確かに存在していて、我らは意志によってではなく、寧ろ空想によって強烈に動かされているのだ。

そんなことから勘案してみると、いかに野口の「空想」の論が優れているのかを見てとることができる。我らは空想という基盤の上に思考や意思を抱いているのであり、思考や意思の従属物として空想があるわけではない。

空想とは何の役にも立たない絵空事などではなかったのだ。我らの生きざま、その基底なのであり、どこにも存在するはずがないファンタジーなどではなく、今ここに存在している我らの本来の姿そのものなのである。空想の力を借りずに見る存在など、そもそも何の本質も掴めずに眺めた〝抜け殻〟以外ではありえない。

すなわち、である。

もし僕たちが他者の空想世界に思いを馳せないのであれば、他者を見たことにはならない、、、といった話を、これからちょっとだけさせて欲しいのだ。

私は先ほど森町の名刹小国神社に伺ってきた。そこでバイク乗りとかロードバイク乗りを見かけたのだけれど、バイクやロードバイクを単なる遊び道具だとか、クダラナイお遊びだとか、時間の無駄だとかと切り捨ててしまうことは簡単だ。

もちろんそうではない。だからである。そこに広がる彼らの空想世界に想いを馳せなければ、彼らを見たことにはならないのだ。

生徒であってもそうだろう。全く勉強に見向きもせず、野山で駆け回っている少年がいる。うちの塾へ来ても「イテテテテ、先生悪いが絆創膏を持ってきてくれ！！」といった調子で、当然手を焼いているわけである。

彼はトムソーヤなのである。だけどもし、彼にトムソーヤを重ねることができなければ、もちろんブチキレて無理強いをさせてしまう。ただでさえ強烈な勉強アレルギーを、余計な程に強烈なものにさせてしまう。そりゃぁ、そうしてしまうことだってある。だけど一応、彼らの空想世界に想いを馳せるからこそ、彼らも何とか塾に来てくれる。僕はまさに僕の「空想世界」でそう思い、さらにそちらの方に真実があると思っているのだ。

現実でも統計でもエビデンスに寄るのでもない。空想世界に住む存在でなければ、彼の空想世界を見て取ることなどできない。

ちなみに、間違えるとかできないとかで私は怒らないけれども、サボりに対しては猛烈に怒ることにしている。彼らは怖くもない人間など決して認めようとはしないのであるから。

藤枝MYFCの創業者、小山淳氏に教えていただいた話がある。人は誰でも、表面の人格と奥底の人格の二つの人格を持っている、と。

例えば、ゲームなどは表面の人格を喜ばせるが、ゲーム三昧をしていたら奥底の人格は逆に苦しむことになる。アルコール中毒やゲーム中毒の人間の誰もが、それに苦しんでいるといった具合に。

逆に奥底の人格が喜んでくれることもあろう。すべき学問とか、やるべき仕事（天職）をしている時がそう。先とは逆になるけれども、奥底の人格が楽しんでいるときには、いくら表面的にその人が大変に見えたとしても、本人は楽しいのだという。

「仕事ばかりしていて大変そうですね」

そんな風に小山さんに聞いたとき、この話をしてくれた。あまりにキツそうな仕事をしている彼だけれども、実際は楽しんでいるのだと。

だから、である。先の生徒にキレた話に戻らせて頂くが、もしうちの生徒の奥底の人格が「学問をせねば」と思っているのに、表面の人格がそれを拒んでしまってサボっているのだとしたら、その時はキレるべきなのだ。

そして不思議なことではあるけれども、そんな時いくら厳しくキレたとしても、彼らは僕のことを決して嫌いにはならない。心の底で必要なことが分かっているからである。逆に迎合してしまうのなら、奥底の人格の話を彼ら自身が聞けなくなってしまうし、僕にも見切りを付けてくるだろう。

そんなものは教育ではない。

できるとかできないとかでキレるのではなく、彼の空想世界に垣間見える奥底の人格が望むことに反している時、キレるのである。

正直に述べて、この意見は「正しい」意見じゃぁない。だけど正しいかどうかで判断することなど、危険極まりないというのが僕の持論なのである。

オートバイが正しいか、サッカーが正しいか、チェスやネットゲームが正しいか。そう問われた時、すべて別に「正しいもの」なわけではない。「クダラナイものだ」とすることすらできる。だって、単なる偏向だからだ。金にもならなければ、偏差値も上げない。ステータスを高めもしない。マルクスは『資本論』で、豊かさの基準はただ一つ、豪華なモノに囲まれていることだとして、世界はこれまでその基準で動かされてきた。

そしてマックス・ウェーバーは『プロ倫』でこう言った。「そんな唯物論の世界の中で、『夢』や『希望』、さらには『神の救い』さえもが、単なる〝空想〟にすぎないと完璧に否定されてしまった」「すなわち、資本主義の神は人を救わない神になった」と。

我らの生きる力の基底、「空想」は、西暦1517年にルターが為した宗教改革以来、ずっと否定され続けてきたのだ。

人をカネとか偏差値とかステータスでしか見ない世界で、神は死に人も死んだ。

復活しろ。彼女の奥底の人格に思いを馳せ、彼女自身を本来へと帰還させるのだ。

「バカなんだから、勉強しろ」

「救われないなら、他者から巻き上げろ」

そんなはずがない。

バイクやロードバイク乗り、トムソーヤの見る空想に思いを馳せるのだ。人が生きるべきは現実の世界ではなく、空想の世界にある。復活させろ。真実の神はその世界で救いの力を取り戻す。

神を復活させろ。

死と愛

少しだけヴィクトール・E・フランクルの『死と愛』について書かせていただこうと思うのだ。磐田南高校近くの谷島屋さんで、この本を見つけた。みすず書房はかなり硬い専門書ばかりを出す出版社だ。結構恐るべきことだが、そんな本が南側出入り口すぐ近くに平積みされていたのである。

「いったい誰が読むんだろう」

私はそう思った。

しかもである。高久書店の高木店長に教えていただいたのであるが、みすず書房の本というものは返本が効かないのである。仕入れの際に書店が買取せねばならない。そんな失礼ながら売れそうもないリスクの高い本が、あろうことか平積みにされていたのである。

かつて千原せいじさんが、夕方の地元ニュースのロケ番組で英字新聞のワシントン・ポストを見つけ、相方の久保ひとみさんとこんなやり取りをしていた。

「あぁ、ラッピングにするんやろな」

「えぇ！　読むかもしれないじゃないですか！」

「森町にワシントン・ポスト読む奴なんぞ、1人もおらんわ」

なんというか、妙妙たる説得力があった。

そんな風だから私も谷島屋さんで本書を見かけた時には、心の中で盛大なツッコミを入れたのである。といっても、この私はインテリゲンチャを自認するハヤート・マツーイであるから、意味は分からなくてもちょっと読んでやろうかと手に取ってみたのである。

そしておもむろに霜山徳爾先生の訳者あとがきを読み始めた。

「今日、実存分析と言われるものは、現象学的精神病理学の一つの到達点なのであって、、、」

「おぉぉぉお〜！　到達点やて！！！」

「クソカッコええやんけ！！！！」

そして購入を決めた。

ちなみにこのように超難しそうな本を読んでいたり、ファミレスで英語の本を読んでいたりすると、確実にモテる。ウェイトレスさんの、私を見る目や会話のトーンが上がるのでそれが分かるのである。それゆえにここでお薦めしたいのだ。

そう、哲学本こそがモテるための本なのである。

ただし注意点として、意味が分かっていない時には周りにバレているということを忘れてはいけない。極めて不思議な現象ではあるのだが、何故かバレているのだ。学問とはまさに諸刃の剣。全てを手に入れる勇者の紋章にもなれれば、全てを失わせる悪魔の烙印にもなり得る。

さて、内容の方であるが、、そうした血のにじむ屈辱を経て得られた価値のあるものだからして、どうぞ読者諸兄姉には以下の話をスルメを噛むように良く良く噛み締めて味わって頂きたいのである。

「人は3つの領域をまたいで存在している。肉体と精神、そして信仰（哲学）である。これら3つの観点から眺めねば、人の全貌をはかることなどできない。信仰哲学を決して軽んじてはならない。何故ならこれこそが人を人たらしめているものだからだ。」（私訳）

本書『死と愛』の英題は「The Doctor And the Soul（医者と魂）」。科学と人、そして魂について扱った内容となっている。

肉体を診るために、医学というものが発達してきた。しかしいくら医学が発達したとしても、精神を科学の見地からどう見ればよいかという問いに明確な答えは出ない。そんな問題が残ってしまっている。そして結論としては、「気持ち」というものはモノではないために、これまでの客観的な科学では掴むことができない、と言わざるを得ないのだ。

・・だから、悩みを聞いてくれる医者というものは割合と少ないのであろうか。

それでは、苦悩に向き合うために必要なものとは、いったい何なのだろうか？

それがフロイトやユング、アドラー、そしてフランクルが提出したような哲学の体系なのだ。肉体を診るために医学を必要としたように、我らは気持ちを診るために哲学を必要とする。ハイデガーが述べていたが、哲学が無い相談というものはゲスの勘繰りになり下がってしまう。そんな危険がある。

何故か。

肉体とかモノを肥やそうとする場合、人は我を張る。だが、気持ちを肥やしたり信仰（哲学）を得るためには、我を捨てる必要がある。２つは全く逆のプロセスであって、だからこそ基本的に「実在するモノ」を扱う科学は、「人の内に存在する」気持ちを扱えないことになる。

エゴで内の世界は開拓できない。

神社の御神体というものは、だいたい鏡である。人を映す鏡。「かがみは、『が』を捨てるとかみになる」のだと、松本さんに連れて行ってもらった神道のセミナーで教えていただいた。モテたいとか金が欲しいという話が主軸の人間に、他者の気持ちを見つめることなど不可能なのである。

ゆえに我を捨てる哲学あってこその、気持ちだということになる。

武士道とは死ぬことと見つけたり。死とは、我の死を意味している。仏教などでも同じだ。死を重視した時に虚無に陥る方々が時折おられるが、そうではないのだ。

ここでガラッと話を変えさせて頂こう。

今、時代は変わった。それでは何がどう変わったのか、、。唐突で申し訳ないけれども本書『死と愛』を交えてそんな話をさせて頂きたいのである。この本はその巨大な問いかけに答えているのであるから。

我々は何を学ぶべきなのか。すなわち、、学びそのものが変わってしまったのだ。

例えばキャリア形成のために通常何を学ぶかといえば、、、

1．会計知識…簿記をはじめる？

2．英語力…英会話スクールに行く？

3．ＩＴリテラシー…パソコンスクールに行く？

このようなものだろう。

しかし右のような「既にある知識」を身に付けることが学びだった時代が終わったのだ。

ドラッカーが『断絶の時代』で喝破している。「知識が一瞬にして陳腐化してしまう時代に、何かを身に付けたことなどに何の意味もない」と。

モノではなく感性の時代とされる今、気持ちを動かさないものなど誰も見向きもしなくなった。

マルクスさえ過去になったのだ。彼は『資本論』で「豪華なモノで身の周りを溢れさせることだ

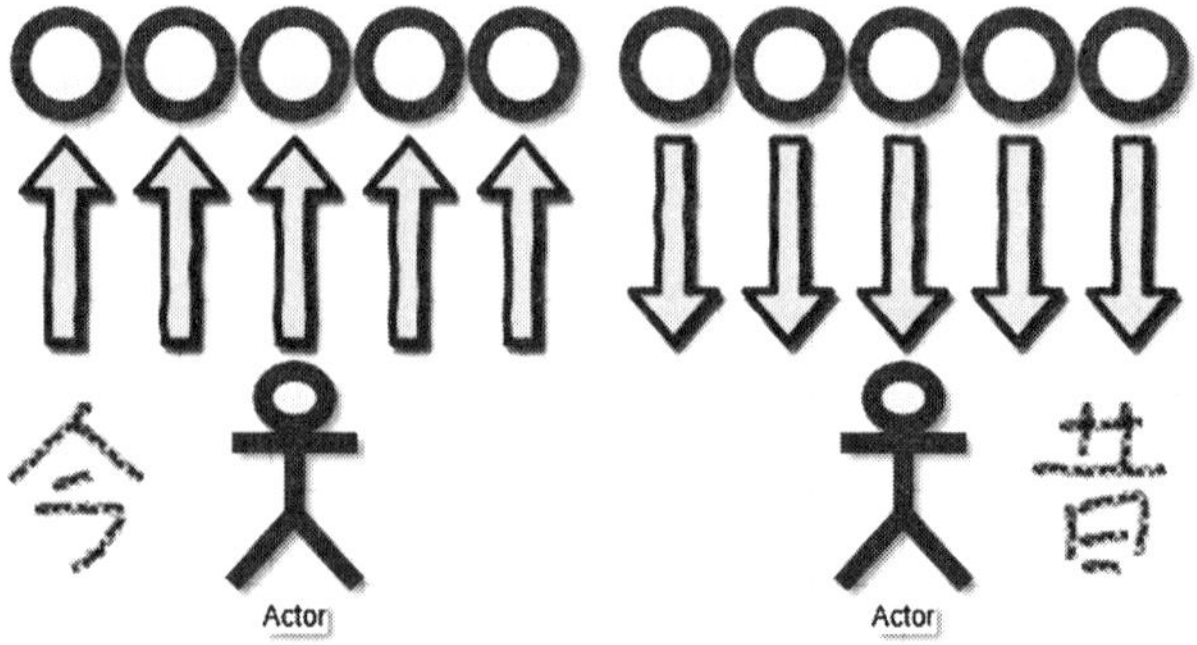

けが人間の豊かさである」と断言したが、今はもうそのような時代ではなくなっている。

気持ちを捉えられるかどうか、なのである、重要なのは。

私の敬愛する大庭純一さんはこれを、「セルフ・マネジメントの世紀」と表現する。

揺れ動く人の気持ちを捉えるためには自己を犠牲にし、エゴを捨て去る必要があった。そのために必要なものが、哲学だった。

学ぶべきものが変化した。

既にあるものを手に入れるのではない。哲学を持ってまっさらな状態で、人と対話すること。それが世界の核となったのだ。

だから、、、

・モノでなく自己へ、と。

・科学ではなく哲学へ、と。

・受動でなく能動へ。

・生から死へ。

・既成のものではなく、これから創り出すものへ、と。

捉えるべきものが変わった。ゆえにこの激動の時代は、起業家の時代にならざるを得ない、と私は思うのだ。

第4夜

恋をしよう

馬鹿の力を使え。お前は馬鹿の力を使う天才だ！

現実に生きていれば、到底〝現実〟だと受け入れられないことに晒されるものだ。その時、人を救えるのはデータではない。神話や哲学から引き出した生きた洞察である。

今年、私が極めて深刻に悩まされたコトがあった。

・・・生徒Aは何故、高校を退学しなければならなかったのか。。。

という事実だ。

思い悩み、浜松一のヤンチャ息子を持つ友人に4～5年ぶりに連絡し、知恵を借りた。同級生が経営する居酒屋でAの退学話を打ち明けた時は、途中涙が止まらなくなった。

何故こんなに早く、俺に一番懐いてくれたAが普通でない道を歩まなければならないのだ。皆んなと一緒に卒業させてやりたかった。

彼は中学の時の生徒だった。手のつけられないほどのヤンチャ坊主だが、手のつけられないほどの甘えん坊でもあった。

量販店を出入り禁止になることなど朝飯前、万引き、痴漢、恐喝など非道の限りを尽くした。私が女生徒を教えている目の前で、盗んできたバイブレーターを動かして大笑いしていたこともある。

彼は何故か私のことを気に入ってくれて、中二の冬休みや中三の春休みには、ほぼ一日中うちの塾に来ていた。自習の名目ならいくら来ても良いことにしているから、報酬はない。カブトムシを取りに行ったこともあったし、海に連れて行ったこともあったし、神社で賽銭箱の鍵が落ちているのを見つけて警察に届けたこともあった。その時には、以前連れて行かれた時に知ったらしい警察署の内部構造を事細かに話してくれたものだ。最上階に柔道場がある、とか。

あまりに僕と一緒にいるものだから、悪いことをする時間がなくなった。そして彼は二年生の年があけた1月からずっと、法に触れる悪いことは一切やらなくなったのだった。

僕が泣きついて知恵をもらった友人は、それから映画に連れ出してくれたり、夜中の3時までLINEに付き合ってくれたり、もう一人の友を交えて明け方まで飲み明かしたりしてくれたりした。

神頼みもする。

神奈川の九頭竜神社にまでお参りに行った。氏神さまである渋垂神社さまや、他にも法多山さま、可睡斎さま、三熊野神社さま、見付天神さま、小國神社さま、大洞院さま、生徒Aとの思い出の原川北野天満宮さま、、、　本気で祈る。

そして、遥奈さんの『深海ラジオ』を聞いた。彼女が卒業した小学校で『スイミー』を歌ったという話をしてくれた。

『スイミー』ってどんな物語だったのか、気になって久しぶりに調べてみた。

大きな海で暮らしていた小さな魚のスイミー。

しかしあるとき、大きなマグロに仲間を食べられてしまう。泳ぎが得意だったスイミー一人だけが助かった。

お父さんお母さん、兄弟たちを食べられてしまったスイミーは、住み慣れた世界を離れて外の世界へ旅立たざるを得なくなった。

しかし真っ暗闇の恐ろしい場所だと思っていた外の世界は、本当は実に美しい眩《まばゆ》いばかりの新しい居場所だった。

・・・長い長いウツボ。ネオンのようなクラゲ。山のようなクジラ。そして沢山たくさんの食べ物も・・・。

その後、同じ種族の魚と再会したスイミーは、彼らの目となり飢えた仲間たちを外の豊かな世界へと導いてゆく。。。。

・・・スイミーのように、美しく新しい世界を旅し、それを俺たちに伝えるため。そのために退学になった。

私は仲間たちと、物語という異世界の力に助けられ、喪失から立ち直ることができた。

現実の瀬戸際に追い詰められた時、我らは人生の十字路に立たされる。
・打ちひしがれ狂うか
・異世界の化け物とすら戦える力を手に入れるか
この二択。

リスクは高い。

「お前が深淵を覗く時、深淵もまたお前を覗いているのだ」

こう語ったのはフリードリヒ・ニーチェ、人を越えようとした哲学者。しかし闇の底を覗き込んだ彼は、自身が警笛した深淵に喰われ発狂して死んだ。彼は誰も出てきたことのない重度の患者を収容する精神病棟に入れられ、自身の糞尿を口にしながら死んだのだ。

私は彼について、ずっと思っていたことがある。

この大哲学者は自分一人で深淵を覗いてしまった、ということを。彼は彼の哲学を持って、たった一人で世界の全てを捉えようとした。そして、一片たりとも仲間が登場する機会を与えなかったのだ。彼の本には他者が、仲間が一切登場しない。

だから発狂して死んだのだ。

しかし、私は思うことがある。

我らが仲間と共に深淵を覗き込むのなら、深淵の底の怪物の力さえ自らのものにすることができるのだ、と。

ユングやフランクルがそうだったように。
・・・・・・しかし果たしてこの論は真実たり得るだろうか。
・・・
真実などには何の意味もないのだ。

信念という土台を得てはじめて、知識は役に立つものになる。我らは現実ではなく、幻想に立脚し生きているからだ。

先のニーチェはこう言った。


『確実なものは不確実なものより価値があり、幻想は真実よりも価値が低い』
・・・この世ではそう、誤って認識されている。
人はそんな単なる『確実な何か』、で測ることができる存在などではない。

信念があってはじめて、知識は役に立つものになるからだ。

（『善悪の彼岸』英書版より。私訳）

幻想は現実よりも不確実。その思想は間違っている。

磐田のナチュラリスト、エディー・ルビンが桶ヶ谷沼でこう教えてくれた。

「『「お前は」、これを信じねばならない・・・なぜなら、これだけが真に正しいからだ・・・』

僕たちはそっちを追求し過ぎた。

そうじゃない。そのせいで戦争することになっちゃうんだ。

こう言って欲しいと思う。

『「私は」、これを信じなくちゃいけない』

『・・・なぜなら私はコレを信じなくちゃいけないヤツだからだ』

(Not, you must believe, But I must believe.)

・・・これで夢を追えるんだ。みんながみんなの夢を」

（一番右がエディーさん。真ん中は奥さんのヒロコさんです）

って。

現実という争いじゃない。追うべきは夢物語というつながりだ。

だから、目の前のアイツからほとばしる物語を補足せねば。

あそこにいるくたびれたジジイはドン・キホーテかもしれないし、露店の冴えない中年は寅さんかもしれない。憶病なガキはウソップだし、バカそうで派手なギャルは将来慶應に入る。

人は物語の力を借りて日常に潜む異世界を探す旅に出る。その時、正気を取り戻すのだ。
・・・争うのではなく、、
人と、
祖先と、、
木や石、動物、自然とつながる。

神さまとも。。。

つながれば、正気に戻る。

真実は無力で、我らをツナガリへと戻す力に欠いている。夢物語、幻想、幻影でなければ、人を人に戻すことができないのだ。

だから俺たちは現実じゃなく、夢物語に生きねば。

お前が見つけた物語で、アイツの紡ぎ出す神話で、、すぐそこに潜む異世界の扉を開いて、お前の知見で俺を導いてくれ。俺自身の神話を語ることができるように、導いてくれ。

あなたが好きな神話は、何だろうか？

ドン・キホーテはそれを、「自分とは何か」を明確に把握していた。サムライや騎士、明治維新の志士たちも。だから、偉そうに講釈するんじゃなく、火のように行動した。

好きなものを探そうとする時、真実はあまりにも無力だ。

他者とは、障害を抱いた異世界の神。

幻想という扉をあけ、その世界へ飛び込め。

恋に落ちろ。それこそが自らを見つめるための至高の手段だから

「自己状態理論」ってやつがある。俺がやりたいこととドンピシャだったもんでめっちゃ驚いたけん、「自分」に気づくために何ができるかって研究群があるんだわ！

例えば、

・話を聞いてもらうと内省できる。

・鏡を見ると、、、。

・自分の声を聞くと、、、。

こんなんが大切らしい。

自分自身を認識するようになると、悪いことしにくくなるだって。イライラもしにくくなる。悪いことすると逆に不快になる。そいつが自己認識の凄いところ！！

だもんでこれって、快適さについての理論でもあんだわ。

「至高の快適さってのは、自分自身を認識すること」

マジでカッコイイ。

ちなみによ、おかんって旅行から帰ってきた時とかに「あ〜〜〜、やっぱりうちが一番、一番」

とか言うじゃん。これって自分自身を認識しやすくなってるもんでじゃないかなぁ〜。外から帰ってくると余計分かるようになってると思うんだわ。

起業家論の論文にもあるんだぜ。「上手く行かない時は、旅行行ってこい。そうすっと帰ってきた時、なんか見通し良くなってるで」って。

だから傷心旅行ってのは、科学的に正しいわけだわ。

ホントだに。

自己状態理論の創始者はシェリーとロバートっつー奴ら。シェリーちゃんたちって、自分の理論以外にもいろんな先行研究を取り上げてくれてる！

ありがたや〜〜〜〜！こいうの、めっちゃ参考んなるだに！　研究ってこいうのガンガン見てくよにして、文献研究進めんだわ。

え？

「糞めんどくさい」

って？？

「な・ん・・だ・・・と〜〜〜〜〜〜〜〜〜〜！！」

つかガチな話、自分で調べるよかよっぽど楽だに！

例えばミード(Mead) 君は、

「外からの刺激に溺れさせられるんじゃなくって、外からの刺激を観察できるようになりゃ、自己認識が進んだ証拠だに」

っつ~ちょい意味不明なこと言ってたり、
他にもピアジェ（Piaget）君の自我中心性理論(egocentrism)も紹介してくれたりしてる。

そいつには「ジコチューとは何か」って話が明らかにされてる。

「『自分が他の奴らからどう見られたいのか？　そんなんわざわざ考えんでもええやろ?』って思っていること・・・そいつがジコチューだに！」

とか言ってんだわ。
・・・・・・・・・
なんか意外だら？

これ、どういうことだろな????

ちょい、この間友達にならせてもらった佐々木秀明さんの話からそいつら考えさせてもらうで。

渋沢ドラッカー研究会で知り合わせていただいた佐々木さん。佐々木さんもかつてメンタルを病んで、まさに闇の最中にいただよ。

だもんでちょい、佐々木ひでさんの歴史を振り返らせてもらうに。。。

~2010年6月~

ひでさん、この時から岩崎夏海先生の『もしドラ』と出会ってドラッカーの言葉について考え抜くようになるだよ。

「・・・仕事ってマネージ（管理）するもので、自分の方がマネージ（管理）されるよなもんじゃねぇわ」

こんな風に考え出すようになった！
・・・・・・でよ、、こいつって上の先行研究の何か分かりる？？
これってミード君の話だに！

「外からの刺激に溺れさせられるんじゃなくって、外からの刺激を観察できるようになりゃ、自己認識が進んだ証拠だに」

ってやつ。

受け身じゃなくって能動だに！

能動こそん自己認識だっつ〜ことだぜよ。

「あいつがこんなこん言いやがった」

「くそ〜、どんだけ嫌な奴なんだぜ！」

「落ち込むわ〜〜〜」

そうじゃねぇ。

「死にて〜」ってただ落ち込むことじゃねぇ、「殺してぇ！！！」って能動的であること！！？？？

こいつが自己認識？？？！！！

、、、なんかであるわけねぇよなぁ。。。。。。だって自己認識すりゃ、悪いこんやりたくなくなるだもん。

だもんで、、、自己認識って能動だけじゃねぇってこった！

よしもっと見てくぜ！

ひでさんの話に戻るでね。。。。。

〜２０１０年12月８日〜

この日から、めっちゃいい先生からドラッカーの理論を体系的に学べるようになっただよ、ひでさん。

「自分に変化が表れ始めた。確固たる自信が湧いて来たのである」
・・・・おお！　良さげ！
〜２０１１年２月20日〜

「復活を確信する出来事があった。当時小学校１年生だった娘からこう言ってもらったのだ」

ひでさんの娘さんの絵

「元通りのお父さんになった。やっと帰って来た！　良かった～また、いっぱい遊べるね！　今の顔を忘れない様に絵に描いておくね！」
ひでさん、今でもその絵をFacebookのカバー写真にしてるだに。

右下がその絵です(>▽<)/
その後も学問を続けるだよ。
～２０１１年5月2日～
「あなたは何を以て人に覚えられたいのか」
「自らの墓標にはどんな言葉を刻んで欲しいだろうか」
ドラッカーのこんな言葉に出会っただよ。
はい！　問題出すに！　これ、さっきの先行研究のどれに当たるだかね？？？？
…………………………
………………………
…………………
……………
答え言っちゃう！

ピアジェ君のジコチュー理論（egocentrism）だわ！

「『俺っちが他の奴らからどいう風に見られたいのか？　そんなこんわざわざ確認せんでもええやろ？』って思ってること・・・」

それこそん「ジコチュー」だっつ～理論だった！

経営学に置き変えると、「ミッション・ステートメント」っていう。

これがしっかりしてないとよ、、どうなるかっつーと・・・・・

「自分がしたいこと」と「自分の行動」とが矛盾していることに気づかなかったりよ、この世の中のありとあらゆるコトに対して、「自分だけけん正しい」って思っちまいがちなんだと！

やべぇ！

だもんで俺、米倉涼子ってジコチューだと思うわ。

それはまあいいとして、重要なポイントはここだでね！

①能動的に行こうぜ！
・むかつくこと、ヤバいことがあったって？　で、お前はそっからどうすんの？　まさか愚痴言ってるだけじゃないだろな？

②それとミッションな。
「あなたは何を以て人に覚えられたいのか」

「自らの墓標にはどんな言葉を刻んで欲しいのか」


これん無いと、やりたくないコトしちまったり、「私失敗しませんので」とかイキったこと言って失笑食らうでな。あれって米倉涼子じゃなきゃ言っちゃダメなやつだもんな。

米倉涼子はまぁほっとくとして、ひでさんはそっからさらに教育について考えてくだよ。

「教育とは
自らが教わり自らを育むこと。
2011.11.16」

こんな風に自分宛てのメールに書いた。

こいつにゃ俺、括目したぜ！　だってよ、俺りゃこれまで、A.アドラーが暴いたこの世の最大の悪「上下関係」「優劣の関係」について、どうすりゃいいのか考えてきただよ。

だってアドラーがよ、差とか優劣とか上下関係ん、全ての精神の病の源だっつーもんで。

ムカつくこととか、落ち込むこととか、傷つけちゃうこととか、、何がそんな嫌なことの原因なのかってずっと考えてきたに。んでよ、ひでさんの話聞いて思っただよ。

「『人に学ばせよう』ってのが全部の悪の原因じゃね~の?!」って。

ちょい考えてみてくれよ。だって、トラブル産むのって全部こいつだら???

ムカつく奴って、やたら命令してくるじゃん。確かにそれんできる奴ん「偉い奴」とか言われてるぜ。だけんよ、「人に学ばせよう」とかしてる奴って、どうしたって優劣つくっちまうじゃん。

それって諸悪の根源なわけだ。

それに人に要求してくる奴にぁ、押し付けるもんはあっても引き込まれるものがねぇ。引き込まれなきゃ、どんなに教え込んだって自分で動こうって思わんぜ。能動的じゃなきゃ、自己認識できひん。

「人に学ばせよう」ってしてる奴って誰だろな????

…………くぅ~~~~~~~~~!俺だわ!……だって俺、塾の先生だもん(;∀;)

どうすんだよ?これ!!!!

つか、人に学ばせるんじゃなくって、自ら学ばんとヤバいら!!!　押し付けるんじゃなくって、どんだけ引き込めるか。

神社さまなんかに、神宮大麻ってあるじゃん。掛川の事任八幡宮さまで教えてもらっただけん、

「麻」って「悪いものを吸いとる力」なんだって。

　だもんで神さんの力って、押し付けるとか与える形の力じゃねぇら？　吸い込むよな力じゃねぇかなぁ？　吸い寄せられるように「俺もそれやりて～～～！」みたくなるコトだと思うんだわ、神さんの教えって。なんと言うかエゴを吸いとってくれる力。

ただ、好きなことを自分で学んでかんと、そいう力はつかん。そういうご利益は得られん。

この間、大学の先輩の諏訪部さんに聞いただよ。

「源氏物語が大好きな先生がいてね、解釈とか背景とかの話が最高だった。その先生の学問の好きさ加減にやられたね！　だからオリャ今も、年に本３００冊読むだよ」

　かけがわＴＶの岡村も言ってた。

「中学の理科の先生がめちゃくちゃだった。ビーカー全部ぶっ壊したり、実験で大爆発おこしたり、生徒に電流流したりね。のめり込み加減に引き込まれたね！」
・・・そいつが今の諏訪部さんや岡村を作ってる。
二宮金次郎の七代目の孫、中桐さんもそうだった。

「予備校行った時に目から鱗だったよ。めちゃくちゃな先生たちなんだけど、学問が大好きでさ。勉強って楽しいモノだってはじめて教えてもらった」

「何を以て人に覚えられたいか？」

「自分の墓には、どんな言葉を刻まれたいか？」
理科が好き、源氏物語が好き、学問が好き、、、
アロマが好き、整体が好き、料理が好き、音楽が好き、、、
他にも、ＡＩでも会計でも何でもいい。
自己認識ってよ、「何かをどんだけ好きか？」ってこと覚えてもらったら、できるんじゃねぇかなぁって思う。
これはもう確信してる。

だから恋に落ちよう。

自己認識は究極の快感であって、究極の快感にこそ、自己が宿っているから。
そう、だからこれからあなたに、究極の快感が何かをこっそりと教えてさしあげましょう。

退学野郎と導かれし伝説の勇者

朝、いつものように愛犬モコの散歩をしていたら、掛川の生徒から突然電話がかかってきた。朝の8時過ぎだもんで、もうガッコに行ってなきゃいかん時間だってのに。

「なぁ、今から行っていい？」

「は？　イイぜ。なんだよ一体？」

「全部話してやるで驚くなよ」

どうせろくでもない話だってことくらい、聞かんでも分かる。だもんで、

「また停学んなっただかいなぁ？」

とか、

「女の子に振られて落ち込んでるだかいなぁ？」

とか、下らないことを予想しながらブラブラ愛犬と歩いていた。

すると程なく奴が現れたが、驚いた。なぜなら彼は、ガチのヤンキールックに身を包ん

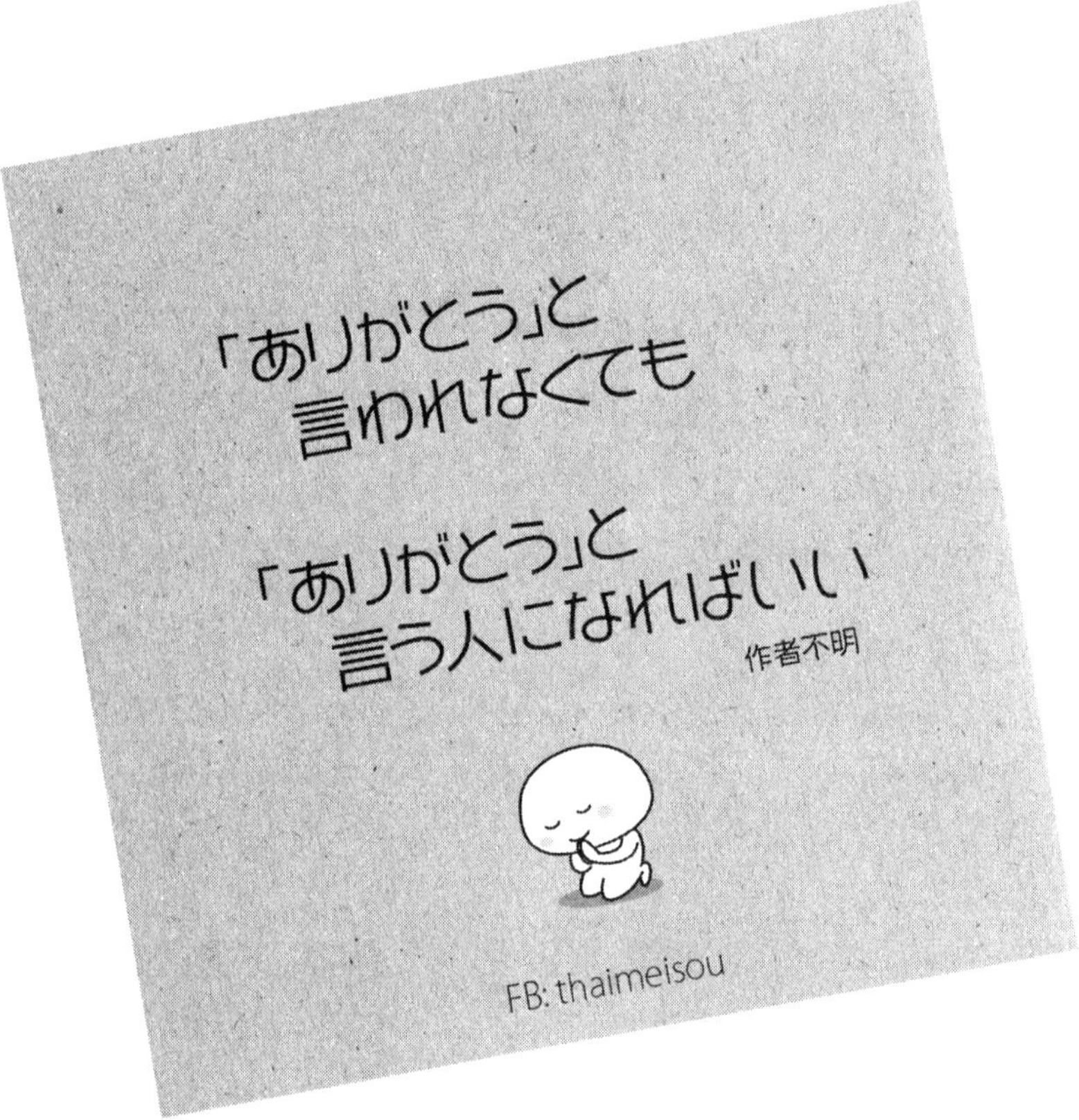
「ありがとう」と
言われなくても
「ありがとう」と
言う人になればいい
作者不明
FB: thaimeisou

でいたからだ。

「ヤベェ、ここまで絶望的だとは！！」

「クソヤンキーじゃねぇか！　ガン無視するかよ、モコちゃん」

そう愛犬と話を合わせたのだが、無念にも俺たち善良な市民は、程なく学習塾omiiko伝説の一期生のクソヤンキーに絡まれることになってしまったのだ。

そしてその後、この男塾塾長様直々に軽くひねり潰してクソヤンキーの懺悔の言葉を聞いていた。だが、それにしても流石は我が男塾の伝説だけのことはあった。その漢《おとこ》は私の研究に、多大なる示唆を与えてくれたのである。

こちらはクソヤンキーではないが、いつも瞑想指導をして下さっているタイのタンマガーイ寺院のソムキァット師のＦＢの投稿から、考えさせられたことがあった。（ホントすみません！）

「ありがとうと言われなくても、ありがとうという人になればいい」

師はそう仰っていた。

名著『世界レベルの学習者（〝World class Learners〟）』にもあるように、俺らが受けてきた教育って全部「ステータスを得るための教育」だった。

いい高校、大学を出る。

いい資格をゲットする。

いい会社で甘い汁を吸う。。。。とか・・・？
・・・多少偏見の目で見てるけど。
つかこれまでの教育って、言ってみりゃ「礼を強要できる地位を得るためのもの」だった。だもんで「ありがとうって言わせる教育」だったのだわ。ガチでよ、糞ほど押し付けがましい話だってばよ。

そこで、ソム・キァット師は仰るわけだ。

「自分から『ありがとう』って言う教育した方がイイら？」って。

仏教でも儒教でもそうだけん、こんな風な「礼の教え」ってやっぱ、根本的に今の教育とは違うもんだった。

じゃぁその「ありがとうって言う教育」するにゃ、どうすりゃイイかってことんなる。

今のままじゃよ、こうなりがちなのよ。

俺みたいな先生A「テメェよ、ありがとうって言えよクソこの野郎」

って。こんなん「ありがとうって言う教育」のハズねぇなって。だもんでもう、ハナっから違うもん考えにゃいかんって思うわけだわ。

椋鳩十先生のお孫さんの衝撃

このあいだ掛川中央図書館に、『大造じいさんとガン』の椋鳩十先生のお孫さんがいらっしゃっただよ。久保田里花さんって方だに。ちなみに椋鳩十先生の苗字も、ホントは久保田さんって言うんだと。結構普通だったわ。そらそうかもしれんが。

で、久保田里花さんのお話、そりゃぁもう最高中の最高に面白かったんだわ。ガチな話、天才だと思うぜ、久保田さんって。

おりゃ今までさ、「僕って研究者だもん」とか言って論文書いてきたじゃん。だもんで椋さんが書く物語みたいなのって、ほとんど読んでこんかっただよ。だけんさ、久保田さんの話ってビックリするほど暖かかった。キレるとか賢い人って結構いるじゃん。そうじゃない。久保田さんのお話は、暖かかったんだ。

講演会じゃ、椋鳩十さんのこんな言葉を紹介してくれた。

「人間でも自然でも、最後のお別れの言葉が、一番うつくしいものなのだ」

他にも、学校じゃ全くのいじめられっ子だった「しらくも君」が、大人になって息子の見本になるために7冊の本を読んで、いつの間にか地元の農業指導者になってた話も凄かった。久しぶりに会ったら、アホな子の代表みたいだった〝しらくも君〟が同級生で一番の貫禄持ってただって。まぁ、この話は速攻でパクって、その日来た生徒Aに伝えさせてもらった。
「お前も7冊の本を読めよ」って！・・・ありがとうございます久保田さんm(_ _)m

ほんまになぁ、、、つかよ、物語って評価しねぇじゃん。俺らを。評価すんじゃなくってよ、大切にしてくれる気がすんだわ。

椋鳩十先生ってば『お母さんの声は金の鈴』って本で、
「声の中には必ず心があり、心を込めて読んでやれば、優しい心が子供の中に入り込んでいくのである」
っつってる。

こいつはモチ、成績表読み上げるんじゃなくってよ、物語読まにゃダメなヤツじゃんね。

んで、この超絶不思議な「物語」って一体全体何なんだろ?? って、、、おりゃど〜〜〜ぅ〜〜〜

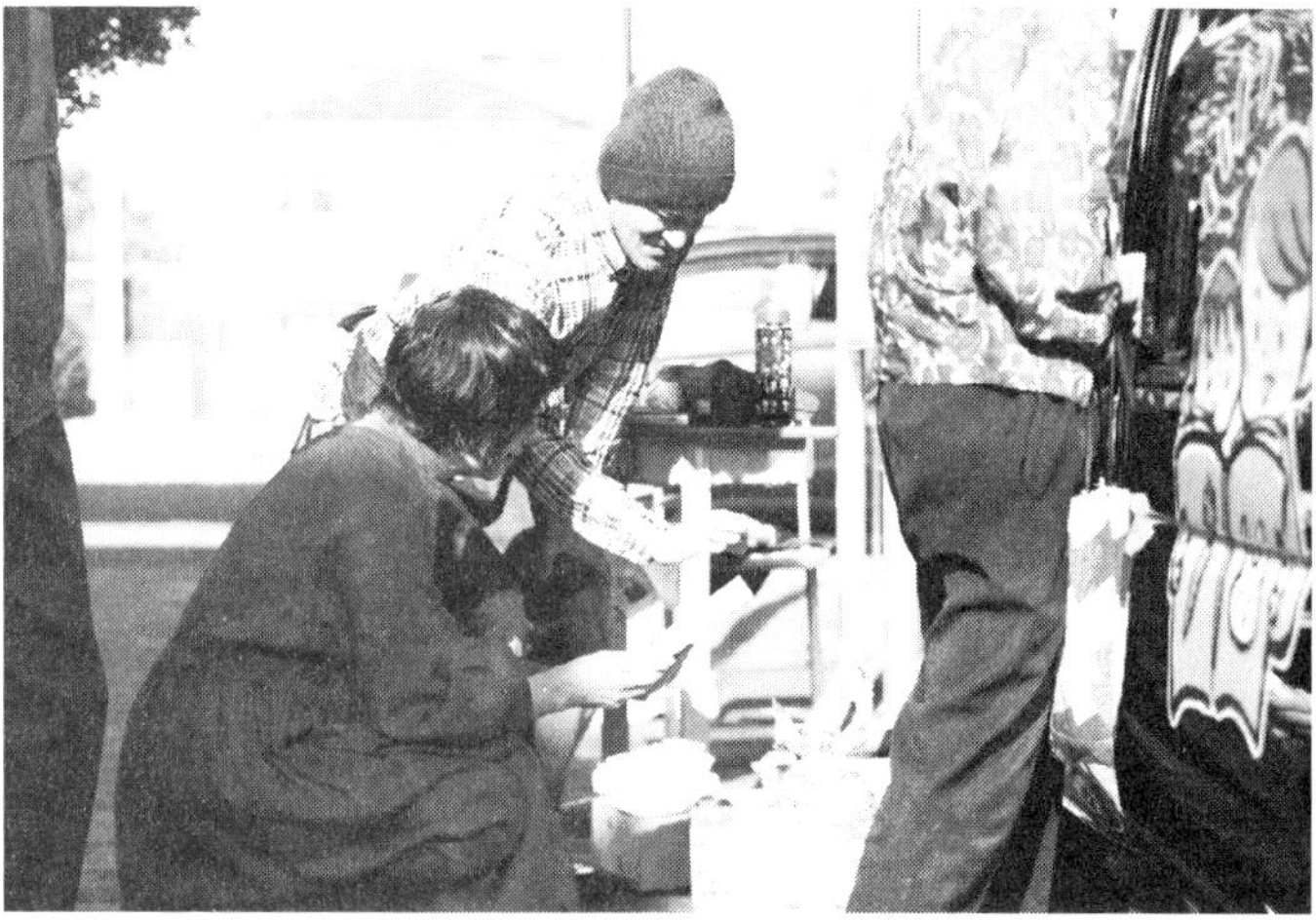

しても知りたくなったのよ。

だもんで戸田書店にいる伝説の店長、高木久直さんに会いに行ったんだわさ。（ちなみに高木店長は現在、同じ掛川市内で高久書店を起業されたのである。）

高木店長は静岡県にある全ての本屋さんを自分の足で回って「こっからどしたら町の本屋さんって生き残っていけんのか」ってこと考えられた人だ。そんでそれから自分で「走る本屋さん」っつう、軽のバンを改造した本屋さんをやることにした。

本屋さんって大変でよ、責任ある高木店長の休みはハッキリ言って少ないだよ。だけん、その休みの日全部を、「走る本屋さん」に使ってる。ガチで筋金入りの書店好きなんだわ。

さらにゃぁよ、静岡県の書店さんと東京の出版社さんも巻き込んで、超名誉ある「静岡県書店大賞」っつう、超イイ本を表彰する賞を作った。

なんか、物語の主人公みたいだら？　それに俺すげえ思うだけん、高木店長って顔まで絵本の中の人みたいなんだわ。だもんで、物語のこと知るために高木店長に会いに行っただよ。

モチ、メディアにも全国紙にも引っ張りだこなカリスマだぜ！

そのっくらいの超絶書店好きで本好き、好きすぎて物語の中の人みたくなってる高木店長。俺もやっぱ好きになったもんで、何回も会いに行かせてもらったに！！！

だけんその度にな、

「あ、ゴメン。まだ松井さんの本読んでなかったっけ！」って言われるだけんなwww

「ど～ん～だ～け～～～?????www」

これって、一向に（ＩＫＫＯ）読んでくれな

いって洒落だに！


完璧なギャグが決まったもんで、何となく筆が止っちまったけん、まだ終わりじゃなかった。

やべぇ、完璧に満足したもんで海見て黄昏てた。。。

でよ、本題に戻らせてもらうだけん、高木店長の走る本屋さんに行ってみただよ。

したら超利発そうな店長の息子さんが副店長してくれてた。まだ小学校2年生だに。だけん、レジ打ちとか接客とかしてるだに。そんでさらにビックリしただけんよ、オススメの本まで教えてくれるだよ。

例えば俺と一緒に話してた見ず知らずのマダムがよ、

「なんか面白い本あるかねぇ〜」って副店長くんに聞いただよ。

したらよ、驚くべきことに、、、

『妻のトリセツ』

って本を紹介してくれたんだわ。

小2が『妻のトリセツ』だぜ！！

大人の男が困って読みそな本じゃん。ソイツをマダムに薦めてるのよ！

「プレゼントに良いですよ！」

って！！

「このマダムキラー、どんだけ夫婦関係の酸いも甘いも知り尽くしてんのよ！」

って突っ込んだけん、そのツッコミに関しては完全スルーだったね。流石は超利発な小2のお子様だわ。

だもんで、ガチでそのド可愛い副店長くんの接客も必見なわけだ。

でまぁ、俺が言いたいのはそっちじゃないだけんな！！　サッサと言えって感じだけん。。。

小2の副店長くん、大人の中に混じって随分長いこと仕事してんのに、全然暇そうじゃねぇ。地味でゴメンだけん、こいつがガチで不思議だったことで、このパートの本題なのよ！

正直俺の友達のガキだったら、「ゲームやらせろ」とか「なんか食わせろ」とか「家帰らせろ」ってなりがちなんだわ。

それはそれで俺は超好きだけん、何故にして副店長くんは暇しないのかが気になっただよ。

「息子、図書館で本をお借りして月に２００冊くらい読むんですよ」

この芦田愛菜並の英才教育のせいだと言えばそうかもしれん。だがな、なんかやっぱり椋鳩十さんの話に通じてる筈だってオリャ思った。

なんつーかさ、副店長くん、全部のものに好奇心持ってたんだ。同じ場所で出店してたお姉さんのコーヒーミルにも、はじめて見る展示物にも、そこの学校そのものにも。。。俺なんかお姉さんにしか興味を持たなかったのに！

どんなモンからも、、、そう全部の全部、、全てのモンから何かを引き出してんのよ。だもんで全然退屈してない。俺にゃそう見えた。

高木店長から何かを教えてもらうってことは、全く無いだって。まぁ本は借りてもらうに。

「教育の本質は教えないことにある」

井坂康志先生の本で、そんな記述を見たっけ。静岡学園の伝説のサッカー部監督、井田勝道先生もそう言ってた。

じゃ、高木店長のそれは何かっつったら、、、ら、、、、、、、
・・・も・・・・も・・・・・の・・・もの・・『物語』なのよ。
指示とか命令とか評価とかすんじゃない、物語っつう「全てのものから何かを引き出す」教育。

物語って解釈ん多様じゃん。だもんで、好奇心の取っ手を自分で見つけて、自分のやり方で面白さ引き出す読み方んなる。

こん時、なんかに導かれるように、なんでもないよな物に夢中になれちゃう。「『天職』ってそっちでしか見つからんわ・・・」って、、、オリャ思ったね。導かれるように始めるもんだって。

天からの贈り物。だもんで、「ありがとうー」って言えるんじゃよ。

物語を読んで、物語を語ることこそん、「『ありがとう』って言うこと」へ通ずるもんなんじゃ

よ！！！

…………………………

…………………

………


「学校ってロボット生産工場じゃね？」

そんな風に揶揄されることってあるじゃん。これって俺ら先生ん、命令とか評価とかばっかに気を取られちまってるもんでじゃねぇかなぁ。

だけん、そっちじゃねぇら？

そっちじゃなくて、俺らができる俺ら流のやり方。押し付けがましいヤツじゃなくって、モノからも人からも場所からも、どんなモンからだって力を引き出す「世界を救う、導かれし勇者」に続く道。

道の追及。

この道って、物語の中にある。目に見えない所に。外の世界にゃあない。俺らは指示とか命令とか評価することばかりに心を奪われすぎた。ヤバイぜ。だってこっちは魔王がやるヤツじゃん。

そうじゃねえ。物語を読んで夢を語らにゃ、勇者の道は現れん。

…………………………

…………………

…………………

クソヤンキー化した伝説の生徒A。あいつはまさに物語を生きてる。だから俺をいっつも原点に戻してくれるし、超絶元気にしてくれる。

まぁあいつはあいつで色々と苦労しそうな感じ満載だけん、当然死ぬまで付き合うもんで見事伝説の導かれし勇者へと育ってみろよな！

Ringokanのマスターに教えてもらったオーセンティックバーの嗜み方

EPTの松本プロデューサーと大石の姉御に連れられ、掛川のオーセンティックバーRingokanにお邪魔させて貰った。

マスターの篠原さんは格調高いオーセンティックバーに相応しい、凛と張り詰めながらそれでいて、心をくすぐる熟練の所作を魅せる人だ。

バーに慣れていないと素直に伝えると、基本的かつ決定的なマナーを落ち着いた声で教えてくれた。

「カバンをテーブルの上に置くのはマナー違反です。欧米のバーだと出入り禁止になることさえあるんですよ」

カバンは直に地面に置くこともある。だからバーの世界では靴と同じなのだ。靴をカウンターの上に置いてはいけないように、カバンも置いてはならない。

コンテストで何度も日本一に輝いているにも関わらず、さらにその上の世界一を目指すプライドは野球の中澤コーチと同じく全く嫌味がない。

「何か、、、オーセンティックバーって、、茶道に似てますね・・・」

「ええ・・・。所作で醸し出す空間が、価値の全てだっていう世界ですから」

「僕にはモヒートを・・・」

モヒートのミントは自家栽培ものを。注文を受けてから菜園で摘む。それを目の前でクラッシュしてくれた。

食品のプロの松本プロデューサーが驚く。

「とても1000円で頂ける代物じゃないね」

そこから話題はモノの価値の話になった。

「シガーバーとしても全国から来客があります。葉巻って、普通の紙巻きタバコに比べたらとてつもなく高価なものですけど、知っている人にとってはキューバ産の高級品を、お店の価格で出して『高い』とされることはないんですよ」

「なるほど。価値を知っている人にとっては・・・、、、」

「・・・『値段』って一様じゃないんですね」

「ええ・・・・・・」

「例えばこのウィスキーですが、うちでお出しすると、一杯3万円はします」

「それだけ聞くととんでもない値段です。でも、バカラの器に入った50年熟成ものだと聞くと、少し納得してもらえるんです」

「モヒートも、コンビニのものとうちとでは、ペットボトルのお茶と掛川産本山茶のように、やっぱり違います」

「だから、、、、価値を知って貰っている方にとっては、決して高くないんです」

「立ち止まって背景を見つめるっていうか、、、ちゃんと歴史を見抜ける人じゃないとオーセンティックバーの良さは分かりませんね」

「〝お〜いお茶〟と本山茶の違いが分からない方って結構いるはずですし・・・・・・」

心を止める。そのための空間をつくる。そんな作法がある。

・・・・・・・・・・・・・・・・・

篠原マスターの話から考察した事件があった。事件とは立て続けに起こるものだ。

・・・・・・・・・・・・・・・・・

昨日、ある生徒が僕の足にしがみ付いて離れないという微笑ましい事件があった。

しかしだった。いつも通りふざけていただけだと思っていたが、様子が多少違う。いつもにも増して、全く勉強に集中できなかったのだ。叱責しても無駄というか、彼はふざけて笑いながらも、何か心が果てしなく動揺していた。


「・・・僕は、、学ぶ意味が欲しい・・・・・」


何度もそう言って僕を見る。

迎えに来ていただいたお婆さんに、、、

「家で何かありましたか?」

と聞いてみる。厳しく怒られたり喧嘩をしてメンタルが崩れる。そんなことが生徒たちには多々あるからだ。

「あのことが気になってるんですかねぇ?　Aさん?」

聞くと、塾の回数を減らせと言われたという。

恐縮だが、うちの塾は生徒にはすこぶる評判がいい。ただし残念ながら親御さんにはすこぶる悪いのである。

親御さんがせっかく叱っても、うちに逃げて来られてしまうことが多々あるからだ。お婆さんはそうした告げ口のようなことは言わない。しかしそのこもった話し方と表情から、いつもと同じパターンなのがはっきりと見て取れた。

また失敗をした・・・・、

心を重ねねばならないのは、生徒とだけではなかったのだ。親御さんと生徒と僕。三つの心が一つになっていなければ、学校の成績程度のものでも上がることは絶対にないのに。

。。。そんなことにすら気持ちが働かなかったとは。。。

足にしがみ付き離れない。そんな強烈さで訴えかけてくれたAに応えることができるのだとすればそれは、、、、

、、、、僕と親御さんとAの気持ちを一つにすることによってだけだろう。

・・・・・・・・・・・・・・・・・・・・・・・・・

さらに、Ringokanから、、、、、、、、

・・・・・・・・・・・・・・・・・・・・・・・・・

大学進学を決意したB。プロ野球選手の夢を追い続けている。

僕は努力家中の努力家の彼を最高の男だと思う。しかし悩みやすい。

苦手なものだろうが得意なものだろうが、奴には関係ない。猛烈に打ち込めるのだ。中学時代は不登校だった。高校受験はほぼゼロからのスタート。しかし高校入学後の模試は学年2位。自ら考える力がある奴。だから僕がBを怒ることなどはない。

猛烈なスピードで彼の知性そのものがバージョンアップし続けている。考えることの威力を肌で感じさせられる。だから、悩みやすかろうがもうそれほど心配してはいない。これだけの奴だから、必ず何とかして行けるという確信がある。

しかし悩みやすい。。。。。。

「・・・・・・何が悩みなのか分かんねぇんだけどなぁ。俺には・・・・・・」

「なんか、確約されてないじゃないですか・・・」

「大学も決まってないし、野球だってどうなるか。社会人リーグに入れるのだって県のトップ2～3人だけですよ」

「でもよ、例えば大学に行ってプロか社会人リーグ入りを目指す。プロになれれば問題無いじゃん。で、もしなれなかったら学校の先生を目指す。ここの大学からなら、なってる人たくさんいる。今、ネットで見たら？」

「そうすりゃぁずっと野球に携われるら？　もし先生になれなくたって、俺の友人の小山さんが創った藤枝MYFCみたいな会社もある。スポーツ産業ってこれからどんどん発展するぜ」

「そいうとこで働きゃいい。俺みたく自分でやったっていいじゃん。野球塾みたいなのをな。ニューズウィークにゃ、アメリカじゃスポーツ塾みたいなのが大流行って書いてあったぜ。高給取りでもあるってよ。だもんで、いつも通り勉強してりゃいいと思うだけんなぁ」

「・・・だもんで、何を悩んでるか分からんだよ（笑）」

「う〜ん。ていうか、、、、いくら頑張っても、確約取れないじゃないですか。プロになる確約も、社会人リーグに行ける確約も、大学に入れる確約でさえ。。。いくら勉強したってない。。。不安なんです・・・・・・」

「まぁなぁ・・・」

「うぅ〜ん。。。」

「でもよ、そう言えばよ、、確約取るの目指すのって、、実は逆にヤバイぜ。この間会ったA教授なんてよ、博士論文は間違いなく世界の最先端だったんだわ。だけどもう多分、今はもう全力で研究してない」

「教授になったら安泰だもんで、研究しなくなる先生って結構多いだよ。だもんで、A教授って地位は高いし生活も安泰だぜ。だけど、言ってることがごくごく普通になっちゃってんだわ。まじ勿体ねぇ。。。」

Rigokanの壁にこんなメッセージがあった。
"Don' t look at yourself through their eyes."
「あいつらが見る目で、自分を見るなよ」

他人に動かされて何かをやると地獄だ。歯車と同じだから。俺みたいな生意気な奴は特にヤバい。反抗しちまう。無理だ。

ZOZOテクノロジーズの代表で大学の一つ後輩の金山はこう言ってた。

「やらされてやる仕事と、やりたくてやる仕事じゃ意味合いが全く違う」

急《せ》かされてやるということ。それは自分を見失っていることと同義だ。だから急かされている自分を一旦、止める必要がある。

モノの価値なんか、それじゃなきゃ絶対見えない。

……立ち止まること。

そこから見える世界がある。一人一人全く違うその「立ち止まって見る世界」でだけ、人は他者と心を一つにできる。

急かされて一つにされた世界なんぞ、見かけだけ同じにさせられてるだけじゃねぇか。心が違ってんだから、すぐにバラけちまう。

逆に、吉田松陰先生が言ってたぜ。

「志は一人一人全員違う。だが全ての人に通ずる」

ってよ。

しがみ付いて訴えてくれた生徒A。彼の前で僕は立ち止まれていたかもしれないが、彼の母親の前では違う。ならば彼の母親の本当の価値など分かりようがなく、心を一つになどできようもなかった。

……………………………………

…………………………

…………………

僕の実家のおじいちゃんが作るお茶。

美しい岡本さんの家で作るお茶。

掛川の本山茶。

いつも良くしてくれる、世界大会で優勝し続けるカネタ太田園さんのお茶。
・・・こういうものだって立ち止まって見なければ、全部〝お～いお茶〟と一つも変わらない。
どこにでもいる大人だってしちまう。。。。。。ちゃんと見なけりゃぁ、Aのお母さんですらそんな風にしちゃうんだ。

ハイデガーはその哲学で解釈することの重要性を熱く説いた。そして存在とは「問いを投げかけられるもの」だとした。デカルトと同じ結論だ。

しかし問いを投げかけられるとはどういうことか。

「父は何故死んだのか・・・・・。。。。。」

「愛を教えるため・・・・・」

人の生きる意味は解釈から生まれる。原因の解明などから生まれはしない。
・・・・・脳溢血で、心不全で、癌で。。。。。
物理的な原因の解明、客観の知に生きる意味を付与する力はない。解釈せねば産み出せないのだ。ハイデガーが言ったように。

そして逆に言えば、存在は問いを投げかけるものだとも言える。

問いを投げかけ、投げかけられる。解釈の世界でだ。。。。

どういうことか。

すなわち、、、見えるところでする会話だけでは不十分だということだ。自らの内に広がる世界で、解釈を介した会話を成立させる必要がある。

ふと見た隣人と、自らの解釈の世界での会話を楽しむのだ。

「あいつ僕を見て怖がってる。。。」

その彼女と解釈の世界で挨拶をするのだ。

『こんにちは』

って。

そして解釈世界での会話を続けてゆく。

『どんな風に感じてるんだろう、あの人は。。。』

『どういう対応をしようか、あの人に。。。。』

『こんなことが返って来るかな。。。』

と。

強制ではない。対話だ。対話は常に平等さと人の和とを創り出す。だから逆に気持ちの中で対話を繰り広げなければ、どうしたって外面的な剛圧さ、権威的な傲慢さが顔を出してしまう。見えるところだけに流されてしまったら、見かけが怖い人は怖い。それ以外の何ものにもならない。アホそうな奴はアホのまま。つまりだ。人に見切りを付けてしまい、ドラマが、関係性が、対話が生まれようがなくなる。そんなものは死の世界である。これが人類がステータスを追い求めた行末だろう。

そうじゃない。立ち止まって解釈をする。。。。。

目の前のそいつと一緒にどんな会話を、どんな物語を創っていけるのか、、、って。急かされちゃ駄目だ。立ち止まって行く末を見据える。そんな物語の世界に住まなきゃ何の救いも差しのべられない。

立ち止まること。本当の価値を見つけること。

これがオーセンティックバーの作法。

確約されたステータスにあぐらをかく世界じゃねぇ。

俗な世界で女を口説けるか。ロマンスの神さまが降りたつBarで現実語ってどうすんだ。

ここにはある。未来も、夢も、希望も、救いも、、、お前が生きる本当の理由もな。

「愛する人について知ること」vs「愛する人を知ること」

俺が大好きなEテレの番組、100分で名著。そこで紹介されていた『100分で名著「善の研究」』って小冊子に書いてあった話だけん、次の二つの違いって何だと思う?

1. 愛する人について知ること。

2 愛する人を知ること。

こいつらの違い、著者の若松先生はこう言ってんだわ。
・・・俺たちって大抵、何かを知りたいって思う時にゃ情報集めるじゃん。そいつがさ、「～について」知ることなんだと。だけん、もし俺が「愛する人について」情報集めるとするじゃん。ネットで名前検索したり、住所とか電話番号欲しがったり。すっと気味悪がられちまうわけよ。
こいつが「～について」知ることの罠だわ。

だもんで西田幾多郎先生流に言やぁ、直接経験しろやと。「姑息な真似すんじゃねぇよ。直接好きな人と話せや」って話んなる。それん、２.の「愛する人を知ること」になんのよ。

つかさ、、、「ちゃんとコクれ！」みたく、西田先生の哲学用語の〝直接経験〟って絶対、行為を伴うだよ。

だけんがさ、若松先生ってばよ。「もしその人に『ついて』知ることを、愛と共に行うなら、人はそこに叡智を見出す」っつっちまった。

これ、俺は間違ってるたぁ思わんけん、イマイチだと思うぜ。若松先生流にやるとすると、「俺がもし好きな女性のＬＩＮＥとか住所とかを面白半分じゃなくって、本当に好きで集めるなら、何か良い口説き文句が見つかる」ってことを意味してるわけだ。

いやいやいや！！　まぁまぁキモいでしょう！！

西田が「知恵」を語る時ぁ、必ず行為を伴ってんだぜ。ガッコの知識と違うだに（違うだよ）。

だもんで、もし「愛する人を知る」っつー話を西田流に解説すんなら、どうなるかっつやぁ、、、

「つべこべ言わずにちゃんとコクって、しっかりフラれてこいテメェ」

って話になるはずなんだわ。

これ、超面白い話じゃね？　起業支援に通じてんのよ！　ガチでだに、ガチで！！

例えばな、普通、起業前の人にアドバイスする奴って、大抵こんなこと言ってんのよ。

「ちゃんと市場分析できてないし、経験も実力も足りないもんで、まだ起業できんですね」

とかって？
・・・ま、一応もっともな話ではあるけんがなぁ。論理的に考えりゃよ。
だけんよ、だけんだぜ、俺の友達の起業家なんて全然違うだに。

「水回りの修理の仕事始めただけん、正直YouTube見ながらやってるぜ。ガハハハ！」

「つかそれで仕事バンバンくるに！！」

「ちゃんと仕事してるだもんで、何も問題ないら！？」

っつってるわけ。

さっきの若松先生の話に置き換えてみるに・・・、、愛の話のヤツな。

「・・・僕、大好きなAさんと仲良くなりたいんです！　だからまず、Twitterとインスタと LINEで情報たくさん集めます。しっかり準備してから告白すべきですので・・・。」

これじゃ告る前からフラれてる。

逆に石田純一はどう言ったか・・・。

「ねぇAさん♪　とびっきりのパスタ食べに行こうよ！」

流石じゃね？！

つか、別に石田純一になれっつってるわけじゃないに。じゃなくてガチで役に立つ知恵ってよ、動きながらミスりながらじゃなきゃ身に付かんって言いたかっただよ。

確かに儒教でもよ、朱子学じゃぁ「先知後行《せんちこうこう》」とか言って、先にモノ知ってなきゃ行動すんなっつってんだわ。こんなんじゃ起業できん。

だけん、日本の起業家らに影響与えた儒教の一派、陽明学は違うに。

「知行合一《ちこうごういつ》」っつって、分かることと行動って切っても切り離せんっつったんだわ。

つかさ、平成ヒトケタの時代までなら先知後行で良かっただよ。「しっかりしたシステムん中で生きてくためにゃ、決まってることしっかり学んで生きてこうぜ」って。大企業の中とかお役所の中とかの、決まったもんの中で生きてくためにゃ、先知後行ん必要だったわけだわ。

だけん今じゃ、普通の会社だけじゃなくって大企業だってガンガン潰れてる。入ったら入ったで、超絶ブラックで辞めにゃいかん、、、。そんな時代じゃぁソイツじゃヤベェ。平成ヒトケタまではよ、東大出りゃぁ変な失敗しなきゃ自動的に東証一部上場の役員になれただよ。人生安泰だったわけだ。

こんな本がある。

Situated Learning: Legitimate Peripheral Participation (Learning in Doing: Social, Cognitive And Computational Perspectives)

邦訳は『状況に埋め込まれた学習―正統的周辺参加』って本だ。

この本、史上最先端の理論って呼び声高い。これ書いたジーン・レイブって奴ん言ってるだよ、「今の世の中あまりにステータス重視んなっちまったら、やたらくたらみ～んな権力振りかざすようんなっちまった」って。

正しいことに頭下げる世の中じゃなくって、権力に頭下げさせる世の中んなっちまったのよ。レイブによりゃよ。それってデータばっか勉強するようになっちまったせいだっつうぜ。対話ができなくなったんだ。

つかさ、それよりよ、意味のねぇ権力にどんな奴も平伏させられるなんて、ワンハンドレット・パーセント・バカな話じゃん。ブラック企業って基本それだに。

で、だぜ。どうすりゃそんな馬鹿共から自由んなれるかっつや～な、自分で市場作り出せりゃいいのよ。世界飛び回りながらパソコン一つで仕事してる「パワートラベラー」の阪口さんが言ってただよ。

「これからの時代、一番強いのは市場を作り出せる奴だ」

ってよ。

だもんで、

1．愛する人について知ること。

2．愛する人を知ること。

これ、「2．」じゃなきゃやべえに。令和時代って知行合一でいかにゃな。陛下も即位されて時代も令和になったことだし、ガンガン告りゃイイじゃん(≧∀≦)じゃなかったわ、ガンガン会社始めりゃイイだよ。それじゃなきゃ、分からんだよ。行動してミスりながらじゃないと分からんし身に付かん知識。そいつを自分で動いてゲットしてかんといかんだんね。

すでにある知識を詰め込むだけじゃぁダメだに。学校じゃねぇんだからよ。話しながらじゃなきゃぁ、夢作ってけん。動きながらじゃなきゃ、夢ってゲットできん！　これ、西田だって「ワン・ハンドレット・パーセント同意同意(;・∀・)」って言ってくれるわ。

・・・だもんでこっからの時代ってよ。ステータスにあぐら掻いて、人動かす時代じゃねぇのよ。そもそも絶望って、人が自分の思う通りに動いてくれんかった時に起こるんだわ。でよ、ここでオモクソ言っちまうけん、絶対に絶望しねぇ方法があんだぜ。単純だに。自分だきゃぁ、どんな状況でも絶対に動かすことできるじゃん。だもんで、他人動かさんでも自分のこと振り返って動かしゃぁ、絶対絶望するはずんねぇだに。だから他人動かそうとしてたのか、自分動かそうとしてたのか、一日一回でいい、ふり返ってみて欲しいのだ。

今まではよ、人動かせる奴が一番強かっただよ。だけんこれかりゃぁ違うぜ。
・・・・・・・令和じゃぁな・・・・・・・・・自分動かせる奴が最強だ。
世界は自分を中心に回ってなんかいねぇし、他人を中心にも回ってねぇ。自分の内側に広がってんだお！

西田って、「究極の善とは自己を発見すること」だっつってた。

だもんで内に向かって歩み出しゃいいら。そするとよ、不思議だけんそれ見てた他の奴らも自己に向かって歩み出せるよになんだわ。めっちゃ応援するこんできるだに、そいつらを。

自己って全部に、どんなもんにも通じてる。だもんで違う人間同士にだって通じるだに。だもんで、俺ん超絶尊敬してる野球コーチの中澤さんに教えてもらっただよ。どうすりゃぁ自己に至れるだかって。

「人追い込んだら、クソ嫌な奴んなっちゃうら。だけん、自分追い込みゃ、おまえ超絶熱い奴だな』って、応援してもらえるだぜ」

って。

魂に火つけるにゃ、自分追い込みゃいいのよ。そん時、人類は一つにまとまる。

ドラッカーも言ってた。真摯であれって。これ、人に対して真摯にならなきゃいけないって言ってるわけじゃない。自分の信念に対して真摯であれって言ってるんだ。こいつが自己の力。世界平和さえ実現させる。

ツーかよ、一応言っとくけん若松先生の『善の研究』の解説本、超面白いけんね。そいつもガチだでね。

第5夜

少しだけ、神について

神さまの見つけ方

こんにちは！　男塾塾長、松井勇人です。本章は愛について、

――― 若松英輔（2019）『西田幾多郎「善の研究」』NHK出版 ―――

にインスパイアされて書かせていただいたに！

愛ってよ、神（実在）を見つけられる力だって西田先生が言ってるぜ！

どんなもんより深い知識だってよ！

・・・人と人をつなげる力、人のために自らを行動させる力。そいつこそん最上位の知識だって話だぜ。

だもんで西田にとっての知識って、「俺、何でも知ってるから！　我を崇めよ褒め称えよ！」みたくなりがちな「静的」なもんじゃないわ。もっと動くやつ。ホットな奴じゃん。男と女みたいな。

だもんで言ってみりゃあ、テストで100点取れるとか、会社経営を成功に導けるデータとか、そんなもんが知識なわけじゃねぇって話んなる。

「正直、できるかどうか分からんけど助けてやるぜ！」とか、「金のない奴は俺んとこ来い。俺もないけど心配するな」（作詞：青島幸男『だまって俺についてこい』）みたいなこんだわな。愛って。

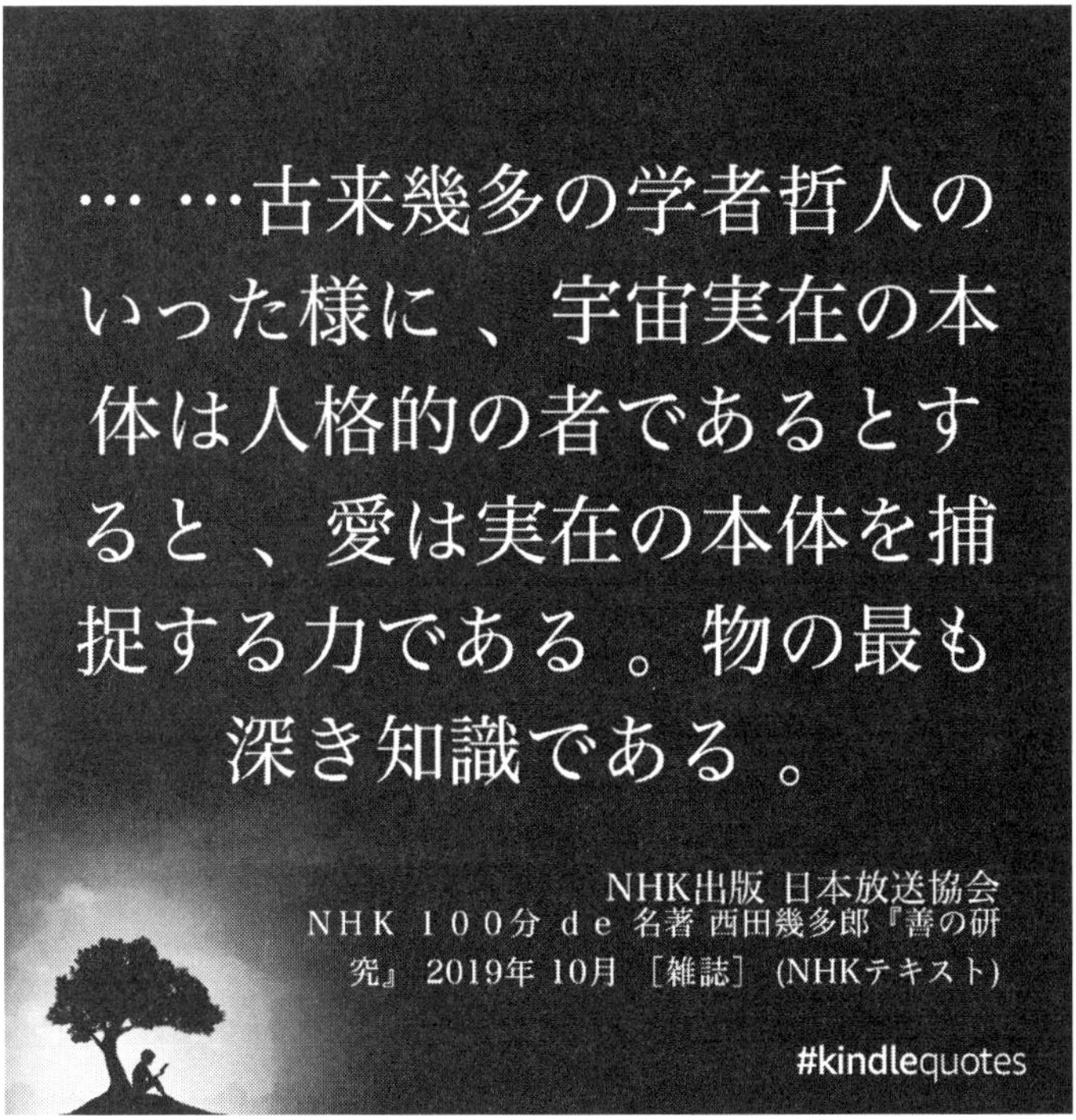
… …古来幾多の学者哲人のいった様に、宇宙実在の本体は人格的の者であるとすると、愛は実在の本体を捕捉する力である。物の最も深き知識である。
NHK出版 日本放送協会
NHK 100分 de 名著 西田幾多郎『善の研究』 2019年 10月 ［雑誌］ (NHKテキスト)
#kindlequotes

・・・ま、もうちょいカッコいい奴もあるはずだけんな。
あ！　鬼滅の刃の煉獄さんなんかがそうだわ。カッコいい。俺も大好きだ。

つか、理屈振りかざしたって、人と人って一体になれんじゃん。だけんよ、だけんだぜ、、嬉しいとか美しいとか一目惚れとかの、感情とか感覚とか直感ってさ、論理と違って一体になれるもんだ。

ユングはよぅ、人と人のつながり方を四つに分けてる。
・思考
・感情
・感覚
・直感
この四つだでね。

でも、「思考」の力だきゃぁ「非人格的な知識」になっちまいがちなのよ。

論理で人をまとめようとすりゃぁ、イデオロギーんなっちまう。イデオロギーってちなみに、「階級闘争を正当化しちまう冷たい空論」のことだ。こんなの俺に言わせりゃ喧嘩専用欠陥知識だぜ。

人をモノみたく扱うクソ知識認定だわな。

だけん感情とか感覚とか直感使やぁ、モノの中にだって人格ん見えるじゃん。お母さんのおにぎりとか、親父の形見の中とかなー。

だもんで著者の若松先生はこう言ってるだに。

「宇宙を感じようとするとき、現代人は空を見上げます。しかし、西田は、目を閉じて坐禅したかもしれません」

って。

西田って26歳の時から坐禅してるからな。

俺らの外側に広がる「モノの世界」にゃぁ、いくら探したって神様はいなかった。だけん、内側の「気持ちの世界」にゃぁいるぜってコトんなる。

人と人、全く別のもんを繋げる力。ま、人参とジャガイモと豚肉みたいな全く違う奴らだって、一個の美味い肉じゃがんなるじゃん。オーボエとシンバルとカスタネットだって、一個の綺麗なオーケストラんなるわけよ。

論理じゃねぇ。近代が捨ててきた感情・感覚・直感の力を借りさえすりゃぁ、全く違うものをつなげることとんできるんだわ。

西田ん言う「実在」（神さまのことだに）。だもんでそのお方（神さま）って、「実際に存在」してるって漢字を書く。だけど「実在」の分際で目に見えねぇってことんなる。言ってみりゃ、感情・感覚・直感使って作る誰かとのハーモニーだもんな、実在ってよ。具じゃなくって出汁とか風味なのよ。

・・・物理の感覚と全然ちゃうな！
だから人って一人じゃ神さま見つけられねぇわけだわ。誰かと一緒じゃなきゃ絶対に無理だに。だって神さまってハーモニーだもん。

そういやよ、道元が言った悟りの境地「空」も、人間関係のことだったわな。

神道で教えてもらった天地開闢の創造神、「造化三神」が展開してる「あるようでない世界」もそういうもんだったわ。

孔子と孟子が言ってる自己から広がる「浩然の気」だっておんなじだら。

全部人と人つなげて色々産み出す「神話」の出どころになってるもんだに。神話とか物語って、沢山のキャラがハーモニー奏でる煮込み料理みたいなもんじゃん。俺らの気持ちって、それ食って生きてる。食いもん食うから元気んなるのよ。食わなきゃ死んじまうら！(;´∀`)

理《ことわり》料《はか》って飯作って、「味なキャラらの宝石箱や～！」って言ってもらう。物語作るってそいうもんだ。

だもんで何かの物語にハマった時って、自分の外側じゃなくって、内側見て、「愛すべきコイツとおんなじ気持ちになったこと俺にもあったや～」って自分の中にハーモニーのレシピ見つけてるじゃん。気持ちが入った経験とか歴史って、違うもん同士が違ったまんまで一体んなれる献立なのよ。だから人間関係に効くわけよ。

目の前の奴らとだけじゃないに。孤独だった昔の自分にすら手差し伸ばせる献立だに。今、お前の前にいるソイツに思いやりかけりゃぁよ、過去で救われんかった俺自身を救えるだに。

ニーチェって「神は死んだ」とか言いやがったけん、死んじゃねぇな。見失ってただけだ。俺たちが探す場所間違えてたもんでよ。外じゃねぇ、内にいたんだ。
・・・・つか、これってまぁまぁ間抜けな話だわな(*^^)v
ニーチェはよ、間抜けな癖に自分だけはクソほど偉いって思い上がってやがったもんで、発狂して死ぬはめんなった。

そうじゃねーじゃん。みんなで楽しみゃ良かったのよ。ルフィーみたく、飯食って歌うたったりの宴開いてな。だもんで今度俺の中で見つけたら、一杯食わせてやるでな！　ニーチェちゃん(^_-)

『正法眼蔵』が語る悟りとは？

「仏」のサンスクリット語Buddhaの原義は「認識する」、という意味だ。
英訳すればknown, obserbed, awakened, fully awake（訳：知らされている。観察させられて

いる。目を覚まさせられている。完全に目覚めさせられている）となる。

釈迦が悟りを開いた時にしていたとされるヴィパッサナー瞑想もまた、「観察する瞑想」と呼ばれている。観察というものは、何かとてつもない力を秘めているみたいじゃないか！

それでは我らは一体全体、「どうやって」「何を」観察・認識すればよいのか？　そこで、僕は諸兄姉に是非ぜひ、道元の言葉を聞いて欲しいと思ったのだ。

以下が、曹洞宗の開祖、道元禅師の書『正法眼蔵』の冒頭を飾る「現状公安」の激烈バカ的超訳です。ここには恐るべきことだけれど、「悟りとは何か」ということが明白に語られている！！

「悟りが何かなんて言っちゃっていいの？？！！！」

僕は最初、『正法眼蔵』の解説書を読んだ時、そんな風にビビりまくった。

そこで、何人かのお坊さんや仏教研究者に尋ねさせてもらったのだ。

「正法眼蔵って、悟りが何かってことキッパリと書いちゃってるじゃないですか」

「あぁ、そうだな」

「悟りって仏教界においても最高の秘密なんだと思ってたんです」

「そういう宗派があるのは確かだな。あんまり大っぴらにするものではないのう」

「だから、あんなにハッキリと言っちゃって良いのか、心配になったんです」

「あぁ、別にいいんじゃないの？」

「は？？　イイんですか？！！！」

「うん、まぁいいと思う」

「え、えぇ・・・」

「ま、まあな」

仏教とは奥が深いものである。

そこで親愛なる諸兄姉にも是非、この悟りというものに触れて欲しい！　って思いまして、１０時間かけ現代語訳にさせていただいたのである！！

ちなみに俺は「現状公安」を、テレワークで静岡空港に行って訳してたんだけど、

「何スカしとんじゃ？！」

「なんぼのもん書いとんねん？」

みたいにパソコンをちょくちょく覗かれたわけだ。だけん、仏教っぽいって分かった瞬間どんなヤバそうなヤカラも、パソコンに会釈して行ったような気がしたのだ。マジ、ありがたや〜。

それでは是非ともご覧下さいませ。この「現状公安」にこそ、悟りの本質が述べられているのでございます！！！！

『正法眼蔵』より、「現状公安」の章

01

釈尊の教えが満ちている時には、何故悲しむのかという問いと、それに対する認識とがある。問い、思考し、認識する。そんな「修行」というものが大切になり、この世には喜びも悲しみもある。悲しむ人たちもいれば、彼らを助ける人たちもいる。

【感想】

「認識さえできれば問題の9割は解決する」っ話を、先輩の石山輝久さんが教えてくれたけど、そんな話が展開されているわけだ。

02

しかし、釈尊の教えが満ちていない時、この世の人は喜びも悲しみも認識しない。いじめや貧困を見て見ぬふりをしてしまうように。この世には悲しみなど無いように振る舞う人が溢れ、ただ享楽に溺れ、悲しむ者を助ける人間もいない。

03
仏道はもともと、豊かさと貧しさの中から出現した。だから、「悲しみ」を認識し、問う。そして悲しみを喜びへと結びつけるのだ。

04
迷いとは何か?

自分の力で人々を導こうとするのが「迷い」である。

それでは悟りとは何か?

他者ではなく、その人自らを導く人たち。そうした彼女らをお手本とできること。それが悟りである。


【感想】

これは自分の力で自分の人生を切り開く「起業家」の目覚めに極めて似ている。起業家は起業家コミュニティにおいて、先輩らの語る夢や希望に触発され、自分自身を動かす。人に指示・命令されて動くわけではない。

大先輩の中溝さんは、それを「巻き込まれ力」と呼んでいる。そこで醸成されるのは、これまで暗黙のうちに重視されてきた指示・命令・評価のような「押し付ける力」ではない。そうではなく、巻き込まれ、聞き、語り合う。そこから自分のすべき運命の糸を引き出すのだ。人はここに自らの存在そのものを見出す。

その引き出す力ゆえに、彼女らは退屈をすることがない。

冒頭の「ブッダ」の訳が全て過去分詞であったのも、これと関係している。すなわち、悟りとは悟るものではなく、悟らせていただくものなのだ。

「現状公安」つづきます、、、

そこで大切なのは「導かれる力」。。。

迷いの中から光明を引き出し、悟りを開くものが仏である。

逆に、悟りと平安を求め、迷う者を切り捨て、自らもまた迷ってしまうのが衆生である。

悟りの人は善の循環を歩み、迷いの人は悪の循環を歩む。

【感想】

悪循環はすべて「命令」や「強制」から生じる。逆に善循環はすべて「つながり」から生じる。

自分の中の悪い気持ち、怒りとか悲しみとか情けなさとか空虚さ、ともつながるわけだ。それが光明である。これらは覚えておかねばならないだろう。

０５
どれだけしっかり人を観察し、声を聞こうとしたとしても、鏡と影の関係にはならないものだ。水と月のような関係にはならない。他者を諭そうとする目で人を見てしまえば、必ず波紋を立て悪循環を生む。

これに関しては、自閉症の天才書家、金澤翔子さんの師匠の話を聞いて欲しい。浜松市の龍雲寺で聞かせていただいた話だ。

ーーーーーーーーーーーー

金澤翔子さんの展覧会へ。
日本一の書家の呼び声高い、師匠の柳田泰山先生の講演に伺った。
先生は私の不躾な質問にも、笑顔で熱く熱く答えて下さった。
「なぜ翔子さんは、柳田先生の言うことを聞かれるのですか？　僕の生意気盛りの中学生の生徒らは、なかなか言うことを聞いてくれないんですが(;>ω<)」

「言うことを聞いてくれてる訳じゃないんです。真似る、んです」

「師匠が美しかったりすれば、自然に真似てくれると。そう考えています」

「真似やすく、身近に感じてもらうために一緒の立場に立ってやってます。たまにわざと間違えたりする。『あ、先生も間違えるのか』みたいになるように」

ありがとうございます(>▽<)/
教えないことが最高の教育だって井坂康志先生の本に載ってた。静学の伝説のサッカー部監督、井田勝道先生も同じことを言ってた。
・・・指示・命令・評価には即効性があるが、極めて強い罠が潜む。アドラーが全ての精神的病の根源だとした「上下関係」「優劣」を作ってしまう。そこが悪循環の原因である。

06
仏道を習うということは、自己を習うということだ。自己を習うということは、エゴを捨てるということだ。エゴを捨てられた時、すなわち「優劣を付けたい」という誘惑を振り切ることができた時、仲間がそばに来てくれる。
そんな仲間に恵まれた時には、さらに自分のエゴをしっかり認識し、積極的にエゴを捨て去ることができる。そして他者のエゴを他者自身が自発的に捨てる、その手伝いができるようになる。

静岡の大恩人、中溝さんに教えてもらったことがある。

「エゴを強くするとモノを手に入れられるけど、エゴを捨て去ると仲間を手に入れられる」

って！

07

はじめて仏法を求めようとする時、人は仏法から遠く離れてしまっている。。。仏法が本当に自分のものになった時、人はまさしく本来の自分自身に帰還できる。

論はここから佳境を迎える。

08

船に乗っているとき岸を見れば、岸の方が動いているように見える。目を船に向ければ、そうではなく船の方が動いていることが分かる。

同様に、人を見て諭そうとしてしまうなら、自分の方が正しいのだと勘違いしてしまう。しかし、自分自身をしっかり観察することができるならば、自らの落ち度に気づくことができる。船に乗り、岸を見てしまい、船そのものを見ないのならその操作を誤ってしまう。同様に我らも、他者を見てしまい自分自身を見失うのなら、自らの言動を見誤ってしまう。

09
焚き木が灰になってしまったら、焚き木に戻ることはない。しかし、焚き木が先で灰が後なのだと見るべきではないのだ。焚き木は焚き木であり、灰は灰なのであり、それらは全く別の様相なのである。

10
これと同様、人は死に、再び生き返ることはない。さらに言えば、生き返ることがなければ、「死に返る」ということもないのだ。ゆえに我らは不生であり、不滅である。

ゆえに生きるものは生きることを大切にし、死んだものは死んだことを大切にするのだ。

同様に人より先に生きていたとしても、「彼らは自分のレベルに達していない」などとも捉えてはならない。自らの持ち分と彼らの持ち分とを見極められなければ、不生・不滅にはならず、彼らを殺すことになってしまう。彼らを私にしようとしてはならない。

11

人が悟りを得るさまは、水に映る月に似ている。月は濡れることはないし、水も波立つことはない。どんなに大きな光であろうが、一寸の水溜りにも草露にも宿る。悟りが人を否定しないのは、月が露に波紋を立てないのと同じである。指示や命令、評価のように人を否定することはない。

徳の高さは、人と深く付き合えるかどうかで表される。一刻一刻、生から死にわたり、他者とつながるための方法を点検すべし。

12

心身に仏法が満ちあふれていない人は、「私は正しい」と語り、満ち溢れている人は、「私は何か間違っている」と語る。

13

例えば船に乗って海に出てみる。「海はただ丸い」とだけ目に映ろう。だが長らく眺めていれば、荒波となったり凪《なぎ》となったり、まるで生きた楼閣ではないか。どのような形なのかを言い尽くすことなどできようもない。単純に見える海の形は人の心のように複雑だ。自分が思った形、見た形だけ正しいとして他者に押し付けることなど、馬鹿げたことこの上ない。

14

世の中の法則もこれと同じである。一生懸命勉強したとしても、目に見えるもの、理解できるものには限界がある。目に見えるものだけではない、自分自身に対する理解も同様なのだ。

【一言】ーーーーーーーーーーーーーーー
ここで硬い言葉使うの限界に達しました。。。。
ーーーーーーーーーーーーーーーーーーーー

15

魚は水を出ちゃだめだ。死ぬし。。。鳥も空を出たらヤバい。その範囲に命があるもんでだに。

魚に飛べっつったら死ぬじゃん。

人にだって無理なこと言ったら死ぬぜ。俺が「TWICE入れ」って命令されたら死ぬら？　それ程じゃなくったって、結構そんな命令しやがる会社とか学校ってあるじゃん。

だもんで、人と話す時って、その人とハーモニー奏でられるよに「その人の持ち分しっかり見とけよ」って話んなる。二宮金次郎の七代目の孫、中桐万里子さまがおっしゃってたけど、人参に「おまえ、大根みたいになれよ」って言ったたって、ムリなのよ。

16

「ちょい、俺、鳥だけん、空極めたら水を攻めたろ」みたいな奴っているじゃん。だけんそういう奴って、水にいても空にいても悟れんに。

ここんとこ重要だでね！

別に道理って、でかいとこにあるわけでも、小っさいとこにあるわけでも、自分にあるわけでも人にあるわけでも、極めたその先にあるわけでも、今あるものにあるわけでもねぇんだわ。

17

だもんで、俺らが仏道を修めようとすんなら、自分の道を自分のやり方で極めるしかないわ。まぁ、極めたところで何でもかんでも神通力みたく分かるわけじゃないけんよ。そもそも仏道って、人と共生するためにあるだもん。絶対知みたいなのゲットして、人にあ～だこ～だって命令とか強制することできるようになるモンじゃねぇでな。

ただ、勘所が分かっても、

「こいつは自分だけのモンで人に分かるはずんない」

みたく、セコいこと考えるなよ。そういうモンでもねぇし。

そもそも自己って、ガチの友人関係の中に現れるもんだでよ。だもんで、エゴなんかで、、自己とか仏道とか悟りに至れるはずんないわ。

も一回言うに。仏道ってガチで、キン肉マンで言う「友情パワー」ん中に現れるだに。一人じゃ無理だでね。つながりだでね。

一人だけで真理の追究しようとすると、最後ニーチェみたく発狂して死ぬで～！

ヤバいで:(;゙゚'ω゚'):

18
麻浴山宝徹《まよくざんほうてつ》ってお坊さまが、扇を使って涼んでたら、ある坊主が来て言いやがっただよ。

「風というものはいつ如何なる場所にもあると、仏道が教えておる。しかるして何故に、和尚は扇を使うのか！」

って。

麻浴山さまが言っただよ。

「おまえさんは、風というもんがいつ如何なる場所にもあるって知ってるけん、風というもんがいつ如何なる場所にも無いってことを知らんわ」

坊主が言うのよ。

「は？　ちょっと何言ってんのか分かんないんですけど？」

麻浴山先生は扇を使うだけだった。
・・坊主は礼をして去っていった。

ちょっと何言ってんのか分かんないんですけど‼

19

仏法で見出せる活路って、こんな感じなのよ。

・・・ちょい待ってよ！！

・・・これどいうことか？！

だもんで、風ってやつが何処にでもあるって聞いて、「何もせんでも涼しいはずやろ？」とか言ってくる奴はアホやでってことだに。空気(仏道)があったら、そいつを使ってナンボなわけよ。

池田高校野球部の伝説の監督、蔦文也が言っただよ。

「電車で老人に席を譲るのが大切だって知ってたって、譲らなきゃ何の意味もないわ」

って。

仏法って何処にでもあるもんだぜ。だけん、自分っつ～船を認識して、自分動かすのに使ってこそナンボのもんだに。

上の坊主は「麻浴山先生に教え諭してやろ」って気がマンマンだったじゃん。自分で仏道を運用すること考えずによ。だもんで話にならんかったワケだわ。

つか「釈尊はこう仰った」とか言って、偉そうに説教垂れてるだけの奴じゃ話にならんだんね。それじゃ、何も大切なことできんに。人と仲良しになれんし、人の和作り出す事だってできんもん。

だけん逆にそれんできりゃぁ、月と太陽の光ん世界全部を明るくしてくれるみたく、お前らが世界救えるだでね。

【ここで突然クイズです！！！】
「麻浴山」

って何て読んだっけ？？？
？？？？？？？？？？？？？？？？？？
？？？？？？？？？？？？？？？

【答え】
「まよくざん」、、、
でした。
・・・・・意外にそのまんまだったわ。
この記事結構大変だったもんで、だんだん疲れてきたわ(>◇<;)
10時間かかったもんで／(／／∇／／)＼

って思ったけん、これで現状公安の章終わりだった！

セーーーーーーーーーーフ！

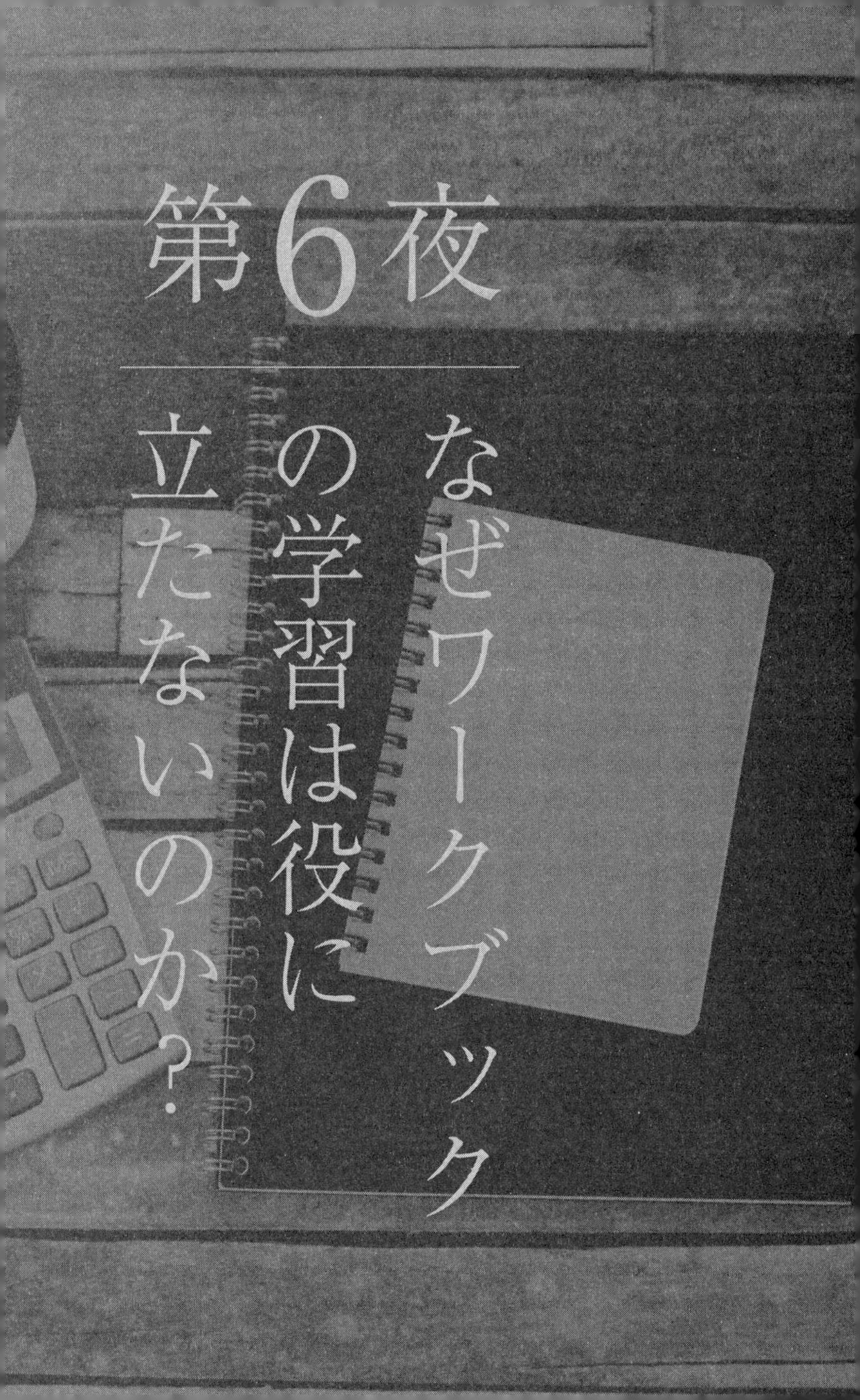

第6夜

なぜワークブックの学習は役に立たないのか？

訓練されているが、経験が足りない

なぜ、ワークブックの学習は役に立たないのか?

早速だが、世にある全ての理解の先端を走ると言われる理論"Situated learning - Legitimate peripheral participation"を見てみようではないか。

アメリカ海軍でも、前もって海軍学校で訓練されてくる奴らがいる。だが日本と同様、やはり彼らは使えないのだ。

著者はこう表現する。

「彼らは訓練されているが、経験が足りない」

・・・どういうことか?

初心者が認められるまでに必要なことは二つある。

一つは、

彼らが「前もってやらねばならないことが何なのか」を分かっているということ。

こいつはワークブックで学ぶことができる。

しかし、せねばならないことが、もう一つある。

それは・・・

……彼らが「先輩らにしてもらうこと」を引き出す、、ということだ。

自分のすべきことができるだけでは駄目だ。
される事を、誘い出せねばならない。他者から。
この二つができてはじめて実戦で役に立つ人となる。後者は認知ではなく非認知の領域。すなわち実地の人間関係でしか学ぶことができないこと。だからこそ、「訓練されてはいるが、経験が足りない」という奇妙な学習が成立してしまうのである。

……………

こいつは面白い！　起業家論にも応用可能だ！！！　起業家らは当初、はねっかえりモノゆえに問題を起こしてばかりいる。だけん、いつのまにか上手い悪戯ができるようになる。面倒臭がられる悪戯を、洗練された許される悪戯へと昇華させて行くのだ。社会性を持ったその悪戯こそが起業の種になる。

人からの好意的な反応をも誘い出すっていう、「相互作用のオーガナイズ」ができなきゃダメだ。
いくら洗練されてても、ある程度はうざい。だけど、「あいつだからしょうがね、許してやるか」みたいになることが多々ある。それは相互作用のオーガナイズができているからだ。
おぉぅ?!　こいつは恋愛論にも応用できるんじゃゃね？

こりゃ面白かった！！！

じゃぁね、生き残るための勉強ってどんな勉強よ！　って話に続けさせてもらうわ。

“Situated learning - Legitimate peripheral participation”を、私訳・超訳させて頂きます！　歴史の最先端、「正統的周辺参加」の理論を絶対分かって頂けるように訳しました。

これまで5個のケース見てきた。アメリカ海軍の新米の奴らとか、いろんな部族の新米の奴らん、どうやって学んで認められてくかって話だった。だけんちょい注意して欲しいだよ。5個のケースの中にゃぁさ、今の学校でされてるみたいな『教える』とか、もっと言やぁ『授業』みたいなことですら、ほぼ全くなかったたってことを。

そうじゃなかったじゃん。先生じゃなくって、先輩とか仲間とか、師匠じゃない他の先生とかと話ししながら覚えてたじゃんな。野球だってサッカーだってラグビーだって、友達と話さなきゃ上手くならん。先生の話だけじゃ駄目だってことだ。

学びってさ、ホントは即興性ん重要になるもんなんだわ。ある時パッと思いついたことを、その時じっくりと考える。先輩に聞かせてもらう。仲間と話し合う。それん実践的な学びなわけよ。だもんでよ、学校みたく延々と一生使わねぇもの聞き続けるとか、そういうもんで生きる力ん付くはずんない。実際んとこ、他人の作ったカリキュラム消化するだけで人生勝てるなんつ～馬鹿な話んあるわけネェじゃんな。

まぁ、確かにこの本でもカリキュラムが大切だって話はしてきたぜ。だけんここで言ってたカリキュラムってのは、時間割とかシラバスのことじゃねぇ。そうじゃなくってよ、仲間とか先輩なんかに認められて、その場でちゃんと訓練して貰えるようになるってこと。この本の『カリキュラム』ってのはよ、そのコト言っててんだわ。

『正統的周辺参加』ってクソ難い専門用語使ってるじゃん、この本。その『正統的』ってのは何かっつうとよ、単純に『仲間に認められること』なんだ。で、『周辺参加』ってのはよ、『授業みたく教えてもらうわけじゃなくって、仲間とか先輩に鍛えてもらう、もしくは人を鍛えてやる』って話だわ。モチ、しっかりと心ん通じた仲間としてって話しだぜ。簡単だら？　この『正統的周辺参加』ってよ？

この本のちょい前の方でさ、新米がやらんといかんことで一番重要なのって、『前もって自分がやらんといかんことを知ってること』、そいつだけじゃダメって話んあったじゃん。そいつじゃなくってお、なんだっけっか？　・・・・『先輩からいい反応誘い出すこと』。

そいつだったよな！　大切なの。

やらんといかんこと覚えるのって、難しことではあるじゃん。だけんそんなテキストだけでできること覚えただけじゃ『使えない奴』って言われて終わりだった。『訓練はされてるけん、経験が全く足りねぇな』ってな。テキストだけじゃ役に立つ奴にゃなれん。

そうじゃなくってよ、人間関係の中で培う『誘い出す力』。だもんで教えてもらったり、鍛えてもらったり、話し相手になってもらったり、笑いあったり……。そいうのを誘い出さにゃいかんわけよ。先輩とか仲間とかから。後輩にだって同じだ。そいつのが生き抜くにゃぁ重要だったじゃんな。テキストなんかじゃねぇ、大切なのって。

で、言ってみりゃそいつこそ『正統的周辺参加』ってジャーゴン（専門用語）を一言で語ったモンだ。『誘う力』のことだ、正統的周辺参加ってよ。そんでよ、これが同時によ、この本で俺が言ってる『カリキュラム』なわけだぜ！


面白かったわー！

言ってみりゃ、「先輩も仲間も女の子だって、誘い出して本気の話できる力んありゃぁ、100％生き残ってける」わけだ！

そう、実践的な学力《がくりょく》て、誘う力があるかどうかなんだ。

超絶・大哲学者、西田幾多郎先生が教える「究極の善を実現する職場の作り方」

100分で名著に影響されて西田幾多郎先生の『善の研究』の原著に挑戦した。ミーハーですみません(≧∀≦)

で、『善の研究』の最重要項目、「直接経験」。コイツの意味、考えてみたいんだわ。(素に戻る)

次のページの画像にある言葉な。

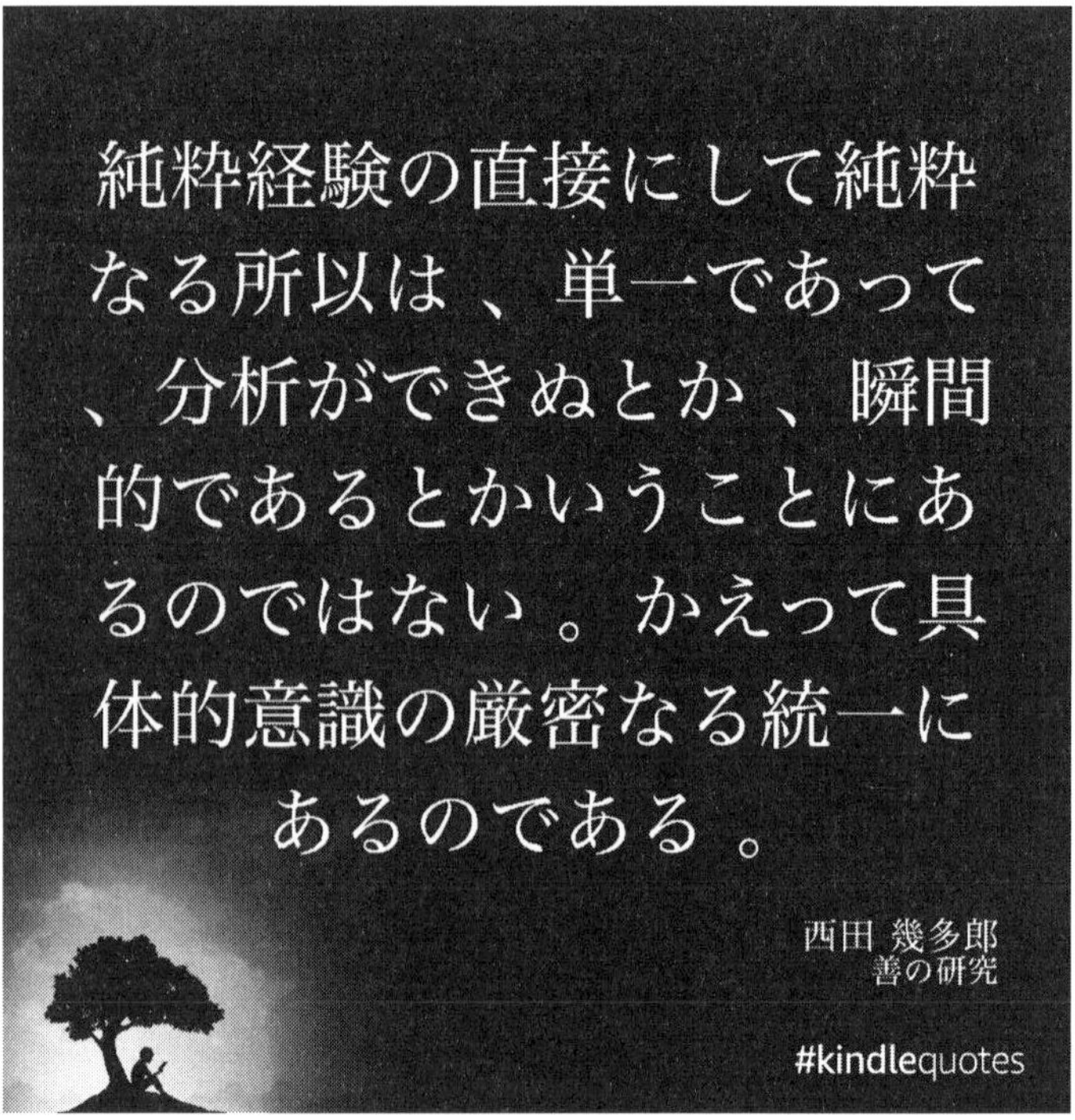
純粋経験の直接にして純粋なる所以は、単一であって、分析ができぬとか、瞬間的であるとかいうことにあるのではない。かえって具体的意識の厳密なる統一にあるのである。
西田 幾多郎
善の研究
#kindlequotes

ちょい、ちょい待ってよ^^;
スグに解説させて頂きます。
どえらい難しそうに見えるけん、次の話を見て考えて欲しい。僕が大尊敬する野球コーチ、中澤義明さんの『かつての野球少年のノート』。どういうヤツだったかっつーとよ、、、。1992年、、まだ中澤さんが小さな「少年」だった頃に作った野球ノート。その話だに・・・。
こんなことが書いてあった。

先生と話しをした！
オマエを『真のエースにする』
とにかく、俺は絶対的なエースになる！
とにかく、ストレートに命をかける！
とにかく、真剣勝負！逃げはない！
俺は1をつけてマウンドに立つ！！

って奴あっただよ！
・・・他にも女の子に泣かれた話もあったけんな！

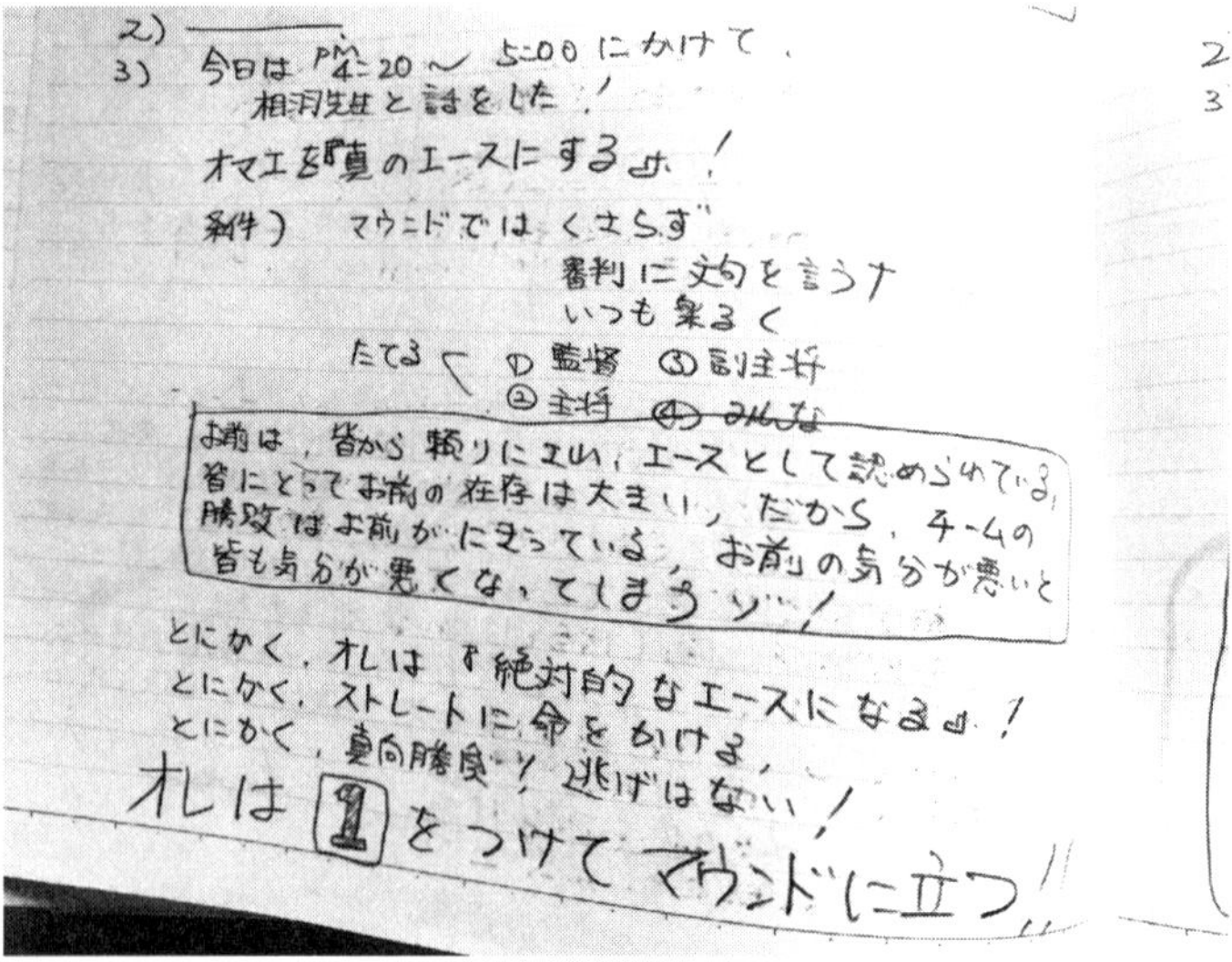
2)
3) 今日はPM4:20〜5:00にかけて、
相羽先生と話をした！
オマエを『真のエースにする』よ！
条件) マウンドではくさらず
審判に文句を言うナ
いつも明るく
たてる ①監督 ③副主将
②主将 ④みんな
お前は、皆から頼りにされ、エースとして認められている。
皆にとってお前の存在は大きい。だから、チームの
勝敗はお前がにぎっている。お前の気分が悪いと
皆も気分が悪くなってしまうゾ！
とにかく、オレは『絶対的なエースになる』よ！
とにかく、ストレートに命をかける。
とにかく、真向勝負！逃げはない！
オレは1をつけてマウンドに立つ!!

上が実物だ(>>::

だけん、今回の話じゃないに(。○。::

(ゴメン！中澤さんm(_ _)m)

この日記、許可もらってFBに載せたら麗しの太田さんがコメントくれただよ。

「眩しいくらいの直球！　想いを揺さぶられます。

大人が刺激されますね！」

って。

この間の、正統的周辺参加の学習理論にもあっただよ。

「抽象的・普遍的な理論に人を動かす力はない。特殊な、個人の語る物語にこそ心を一つにする力がある」

って。ムズッ！！

西田先生の言う「純粋経験」ってのも、やっ

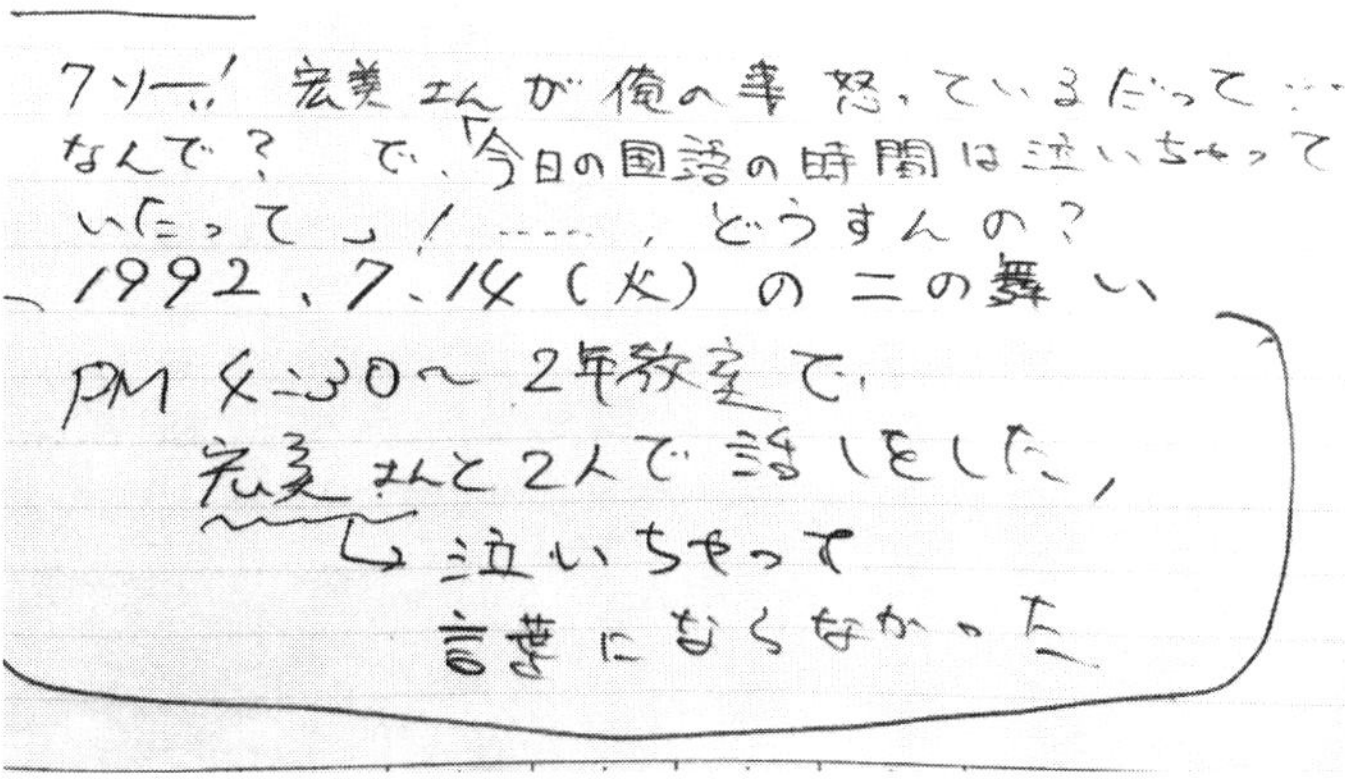
ウソー! 宏美さんが俺の事怒っているだって…
なんで? で、「今日の国語の時間は泣いちゃっていたって」!……、どうすんの?
1992.7.14(火)の二の舞い
PM 4:30～ 2年教室で、
宏美さんと2人で話しをした、
→泣いちゃって
言葉にならなかった

ぱ捉えるの超ムズイぜ。だけんよ。中澤さんの日記ってまさによ、「純粋な経験」じゃん。だもんで、こんな野球少年みたいな子供らの方が純粋経験に近いじゃねぇだかなぁ。もしかして。。。

オリャ、そう思ったのよ。

「純粋経験」・・・だもんで中澤流に言やぁ「誤魔化しのない超絶ド直球」。

コイツこそ、その人自身のホントの自分、すなわち『自己』を映し出してくれるじゃん。

それって鏡にもなって、俺らを一つにしてくれるら?

西田流に言やぁ、「具体的意識の厳密なる統一」をしてくれるわけよ。

遥奈さんの言葉を借りれば、「魂と心を一つにしてくれる」。そんな感じだ。

で、さらに、中澤さんのノート見て不思議に思ったことんあった。

「こんなイキってんのに全然嫌な感じしねぇ。むしろ超カッコいい！」

ってことだ。

これ、なんでかってずっと考えてたけん、さっき分かったぜ。このノートって恩《おん》を感じて自分追い込んでんじゃん。だもんでじゃね？　嫌味じゃねぇのって。

誰か他の人を追い込んじゃったら人間関係作れんぜ。だけん「恩《おん》を感じて自分追い込みゃぁ、応援してくれる人ん現れるじゃんか、人間関係作れるじゃんか！」って思っただよ。

この話、実はかけがわＴＶの岡村充之さんに頂いた『人財を生み出し続ける「村創り」のススメ』１８３ページも参考にさせてもらいました(>▽<)/　ありがとうございます！

こんな記述。

「他人に追い込まれるより、自分で追い込む方がよっぽどいいですよね（笑）」

「そこで熱くなっているあなたに、協力者が自然と生まれてきます」

めっちゃ面白かった。この本も(>〇<)

だもんでよ、名著の『人を動かす』（原題〝How to win friends And inference people〟）ってあるじゃん。D.カーネギーが書いたやつ。原題訳すと『友人に勝利し、人に影響を与える方法』だに。これ、完璧違うと思っただよ。

「人を動かす」とか、「人を追い込む」じゃないじゃん。

「恩《おん》を感じて自分を動かす」とか、「自分を追い込む！」じゃん。

そんじゃないと仲間んできん。
A.アドラーん言ってただよ。
「全ての悩みは人間関係の悩みだ」

こいつにV.フランクルはこう付け加えた。

「全ての喜びだって人間関係の喜びだろ？」

って。

【参考】Adler, a. (1931). What life should mean to you.
Frankl, V. E. (1986). The doctor and the soul: From psychotherapy to logotherapy. Vintage.
意のままに人を動かすとか、悪魔の仕事だぜ。そんなもんより、「人が応援したくなってくれる力」つけた方いいら？
人を追い込んじまったら、死ぬほど冷たい人間になっちまう。だけん、ちゃんとこれまでしてもらったことを心に留めて自分を追い込めりゃ、死ぬほど熱い人間になれる。
だもんで悩みを喜びに変えるにゃあよ、誰かに勝つとか人追い詰めんじゃなくって、恩《おん》を感じられりゃいいだら？

正統的周辺参加の理論にもあっただよ。ちょい遠州弁で引用させてもらうでね！

コミュニティのメンバーになってるってことはよ、ガチな話、ガチな話だぜ、、、それだけで『モチベーション持った奴』だっつー、自分自身のアイデンティティを作ってくれてるのよ。そんで、そこに居られりゃずーっと、ず〜〜〜とだぜ！！　そのアイデンティティ持ち続けていられるだに。

マジだに！　マジ、コレ！！

そこのコミュニティで、なんかの役割果たしてりゃぁ、ソイツ、生きる意味見つけられてるって言えるんだわ。だもんでよ、どういうことかっつやぁ、、

『世界における自分の存在意味の探索に成功してる』

って言えるわけよ！！！

仲間がいて仕事してる。そいつだけでいい。生きる意味見つけるのってよ。

二重カッコんとこだけ論文調でカッコつけたでな！

・・そいつは置いとかせてもらってよ、、、

だもんで、ホントに一緒にいたい仲間とホントにやりたい仕事してること。こんとき『行動力』っつーもんを示すことんできるんだわ！！！　ガチで熱い奴でいられるわけだわ！！！

「ぉおおぉぉぉうおおぉぉー！！！　やったぜ〜〜〜！！！」

オリャァそう思ったね。

言ってみれば、コミュニティってのは恩を感じられるようになるための装置なんだ。俺も中溝さんの集まりで、心底実感してる。

でよ、ちょぃ話ん飛ぶけんが、この話させてよな、、、

・・・・これまでの話で「どんな職場選びゃぁいいか」ってことすら分かるだぜ。

スグ言っちゃうに！

「一緒に働きたい奴らがいて、やりたい仕事のある職場」

コレだに！

そこ選びゃぁ、変な邪魔受けずにちゃんと自分追い込んで、人に応援してもらえる人間になっていけるわけだわ。

・・・まぁ実はよ、、、この選び方って、ピーター・ティールの『ゼロ・トゥー・ワン』って本に書いてあったことでもあるだよ。まぁティールの方はよ、「世の中の10番目の検索エンジンの会社にGoogleですら欲しがるような人材を呼ぶにゃ、どうすりゃいいか?」って話の答えで、この話してくれたわけだけんな。だもんでよ、どんな弱小企業でもコイツを満たせりゃ、世界の

超絶一級レベルの人材を獲得できるって話だったわけよ。ソイツもスゲェ話だけんな！

で、逆に選ぶ方だっておんなじじゃん。一緒にいたい仲間とやりたい仕事んある職場なら、究極の善を追求できるだに。そんな職場を作れば、ガチの自分自身になれる。みんなにも応援してもらえて、こっちも元気に応援してあげれる。それが「自己を見出す」っつーヤツだに！

だもんでよーーーー、重要なのって、、、
・自分が楽になるために、どやって人を追い込むか？
こっちじゃねぇ。
・愛する仕事と人のために、どやって自分を追い込むか？
こっちじゃん。

これまでの「学び」って右の方ばっかやってた。そするとやっぱ、クソヤベェことんなる。

で、"Situated Learing"にあった話、紹介させてもらうに！

「挑戦的な課題こそ、我らの住む世界に構造を与えるのである」

って言葉。

どいうこんかっつーとよ！

世界平和を実現させる方法ん書いてある。

「決められたことすりゃーいいって場所・ボーっとしてても大丈夫な場所」作るんじゃなくってて

よ、「みんなが課題に挑戦し続けれる場所」作んなきゃだめだってことだ。

逆説的な話だけん、世界を安定させるために必要なのはそっちだったわけだ。

結構さ、挑戦とかイノベーションって危ねぇコトだって思われてんのよ。わりかしな。

だけん違うのよ。世界の安定って、こっちにあんのよ。危ねぇ方に安定んある！！

俺ら側な、俺ら側(≧∀≦)

だもんで、自分が楽できるように人追い込むようじゃダメじゃんね。ステータスにあぐらかいて、偉そうぶるための教育なんて、そのうち自滅せざるをえんくなる。自分追い詰めて追い詰めて、クソ熱い人間になってく教育。それさえありゃぁ世界ん安定して、子々孫々に渡って人類安泰だに！

だもんでやっぱ俺もさ、

少年の頃の中澤さんみたいなクソ餓鬼の精神持ってよ、

中澤 義明
4月18日 18:07
世間から笑われてもバカにされても彼と共に頑張ってみます
米独立リーグ
挑戦へ
ノーコン18歳の無謀な挑戦
ヤシキベースボールクラブ 野武士
4月18日 18:06

中澤さんの野球塾の一コマです。

超絶ド直球の大挑戦に命掛けれる激烈バカであり続けたいって思うわけよ(≧∀≦)
これ世界のためだに、世界の！
あと、面白いもんでやるだけけんな。

その告白、どう成功させるか？

ここで一発、直接経験の威力がどんなものか、俺の恥をさらしながら語らせてもらおうと思う。

人に語りかける術というものがあるんだなぁと、最近しみじみ思うのである。というのも、うちには愛犬モコという人間みたいな表情をするワンコがいるのだけれど、モコの散歩で僕が何とも苦労したのは、何を隠そう挨拶だったからだ。

いや、近所のおばさま方たちは本当に快く挨拶を返して下さる。だけども、幼稚園のお送りをしているうら若きママたちの警戒感といったら、日本代表大迫勇也を軽く凌ぐ半端なさなのである。

「イヤ、何？　あの男、この時間に仕事にも行かずに何してるの！　もしかしてイヤラシイ奴なんじゃゃない？」

そんな表情を浮かべている。

確かにもし答え合わせをするとすれば、彼女らの考えは１００％正解なのである。私はお送りの時間にいつも出勤していないし、さらに言ってしまえば、イヤらしい奴であることを否定する事もできないからだ。

一応言い訳をさせてもらうけれども、出勤しないのは自宅で仕事をしているからだし、イヤラシイと言っても、法定の範囲内でだけイヤラシイのである。

そいつが最近は、上手く挨拶を投げかけられるように成長したのだ。それに何となしにスルーすることを望んでいる方のことも分かるようになってきた。

なぜ突然こんなお話をさせてもらったのかと言いますと、〝腹の奥にある本当の自分の気持ち〟。そんな「お人」の話をさせて頂きたかっ

愛犬モコです。

たからなのです。その〝腹の奥にある本当の自分の気持ち〟という「お人」は、恐るべき話下手でいらっしゃるのではないか、と、天然温泉 和《やわらぎ》の湯につかりながらふと思ってしまったからである。

うちの塾にも話し下手のヤツがいるし、よく話すヤツの話だって、時には意を汲まなければ全く分からない場合だってある。そんで、そいつの醸し出す世界を感じ取ろうって頑張るわけだ。だけど、そこから意を汲めないと見当外れになるし、場合によっちゃ〜下衆の勘ぐりみたくに逆効果になってしまうことだってあるから恐ろしいのだ。

そう、どんなヤツにも必ずそいつの醸し出す世界があるのだった。そいつを無視して闇雲に点数を上げようと頑張っても、場を作れずのべつ幕なしに喋りまくる漫才師と一緒で効果はゼロだったわけだ。

今年は突如として勉強を始めた生徒が2人ほど出てきた、けど、それだって学問という暖炉で彼らの世界を数年間かけて暖め続けてきた結果だと僕は思っている。(他の要因も多々あるかもしれないけど・・・)。

そして、である。

基本的には勉強超絶嫌いな彼らに、「なんで勉強をしないといけないのか」と納得してもらえた言葉が、一つだけあるのだ。

どんな言葉なのか、次の3つから選んで頂きたい。

•その1「お前のためを思って」
•その2「将来の役に立つから」
•その3「兎に角ヤレ！」

実はコレ、申し訳ないけれども全て不正解なのである。ならば何が正解かと言うと、結構バカみたいな話だけれども、、

「なんで勉強しなくちゃいけないんだ！」
「俺は勉強大好きなんだよ！」

これが一番なのである。（理由のほどは全く分からないが）

確かに、である。何の根拠にもなっていない。だけど、これ以外の言葉で納得してもらった事はないし、この言葉で納得してもらえなかったこともないのだ。

多分僕が腹の底にいる本当の僕の気持ちを感じ取って言った話だから、そいつがヤツらに響いてくれたんじゃないかって思うのだ。内の世界同士が響き合った。

例えば、である。

突如として勉強以外の話になるけれども、私はこの灰色の脳細胞を使って、意中の女性をデートに誘いまくっている。（もちろん一人だけである！）

しかし恐怖に凍りつきそうな話だが、一度たりとも、そう、たった一度たりとも、、そもそもデートに誘い出せたことすらないのである。

先輩の中溝さんは僕のやり方を聞いて、こうアドバイスしてくれた。

「策をこねくりすぎ。もっとストレートに言わなきゃダメだよ」

「どうしても好きだから会って下さい、みたいにストレートな方がいいんだって」

確かに、である。

「こうこう、こういう理由で私と会っていただけないか?」

というよりも、

「貴女のことが誰よりも好きです。だから、私と会って頂けないでしょうか?」

と言った方が通じるような気がする。

勉強もまた同じだったのだ。

何というか、字面でもっともらしい事を言っても通じないようだ。腹の底にいる本当の自分の気持ちを汲み取って、裸の世界を響かせる。それじゃなきゃ、やっぱダメなのだ。

瞑想指導をしていただいた時にも言ってもらった。腹の奥にある玉のようなものの感覚を感じとるようにって。多分そいつが口下手な、腹の奥にいる本当の自分なんだと思う。

そう言えば『多文化世界』を書いたG・ホフステードは、「他文化を尊重できる人間ではなくって、自文化を尊重できる人間こそが、他者とコミュニケーションを取れる」と語ってくれていたっけ。

腹の奥にいる自分自身の気持ちに耳を澄まさなきゃいけない。恐るべき口下手なヤツだから、
本当にしっかりと耳を澄まさなければ。。。

存在感ゼロのこいつだから、僕たちはすぐにこいつのことを忘れてしまう。

だけどカレこそが、「世界」の創造主なのである！
・・で、、である。
肝心の俺自身が、偉そうに語りまくったこの方法で告白したかってことだが・・・・。

世の中には絶対に負けられない戦いがある。

しかしこの私の頭脳を持ってすれば攻略など容易い。

そう、すなわち、
そもそも戦いを挑みさえしなければ、どんな戦いであろうとも絶対に負けることはないのだ。
・・・完・・璧・・だ！・・・
いやいやいやいや、告白なんてできるはずがないだろ？

無・理・で・す！

だって怖いもん。

そう、直接経験はビビってちゃ使えねぇのよ。覚えとけ！

第7夜

正気に戻っていい

キルケゴール『おそれとおののき』より。神の試練を経た後の至高の富って何だったんだよ?

ドラッカー学会の機関紙、『フィードバックジャーナル』の井坂康志先生の講義録に書いていただいていた、キルケゴールの『おそれとおののき』を入手してみた。どうやら、あのドラッカーの一生を決定づけた書籍らしい。

これはあの有名な、アブラハムが神に言われて息子イサクを殺そうとする場面を考察したものだ。実は、コイツに関しては俺も生徒から何度か質問を貰ったことがある。

生徒A「なんでこんなことさせるだ?」

俺「わからぬ」

正直なところ、神が敬虔なアブラハムに対して「息子をささげろ」って言うなんて、意味が分からなすぎる。意味がわからな過ぎて、俺はこれまで何かを考えようとすら思わなかったのだ。

なのに、キルケゴールはそいつを考察の対象にした。そう聞いて、確かに俺も考えなきゃいかんって思った。だけど、そもそもどっから取っ掛かりを得ればいいのかすら見当もつかなったのだ。

だってさ、アブラハムって、神さまが人類救済の出発点として選んで祝福した最初の預言者だに。聖書の中の登場人物の中でも、特別中の特別。そんな人に「自分の子供を殺せ」って言ったわけだから、そもそも何かを考えようがない感じだった。
どんな話になるんだろう？？　なんだか楽しみだけど、どうすんだろね？　コレ。キルちゃんてば(≧∀≦)
以下、キルケゴールの『恐れとおののき』の英書"Fear And Trembling"の、激烈バカ的超訳になります！
キルケゴールのこの本、とてつもない超絶大大大問題作なので、以下を読んでオレに怒らないでね(>◇<;)　左のあみからは、キルケゴールが語っている体で聞いて下さいませ(o^^o)

商売だけじゃねぇ、知識の世界もおんなじだわ。この世界はまるでクリアランスセールじゃねぇかよ。

人は、なんにも疑わねぇ。何一つ考えねぇ。だから「オマエは何をしてぇんだよ？」とか聞くこと自体、馬鹿な質問にしかならねぇのよ。

それで、だ。言っちまおうと思う。

人はなんで神を疑わねぇんだって。馬鹿にも程があるだろってな。

この本で俺は、試してくれりゃぁ誰だって成功できるようなメソッドを語るわけじゃないぜ。

そりゃぁよ。俺も若い頃は、何か学びってヤツのランクがあるって思ってた。東大はバカ田大学よりレベルが高いとか、哲学はハウツーより高等だとかな。そんでより高みを目指してたわけだ。だけどそうじゃなかった。そうじゃなくってよ、、、

、、、正直な話、やたら失敗したり恥をかいたりして自分のバカさ加減が分かってきた時、俺自身、自由になれたんだ。そんなさ、言ってみりゃぁ「土に紛れた知識」のことを言いたいんだよ。ここで。

デカルトだって、生涯かけてやろうとしたのはさ、何か凄いスキルを身に付けることとかじゃなかった。そうじゃなくって、その瞬間我にかえって『俺は何て馬鹿なんだ』って気づけるようにしたかったんだ。

自由になるためにな。

馬鹿さ加減を認めるってことは簡単じゃねぇよ。生涯賭けて挑戦し続けなきゃいかんコトだ。だもんで、ある程度勉強すりゃ身に付けられるスキルみたいなもんとはワケが違うぜ。

小難しい話なんぞ分かってる必要はねぇんだ。オレらは正直でありゃぁいいだよ。頭でっかちになる必要はねぇ。正直になりゃいい。だもんで、今オレはビビってるとかムカついてるとか、間違えてやがるとか負けたわとかだ。認めにゃイケネェのってな。

正直じゃねぇってのは、運命を無視することと同んなじだ。オレは馬鹿だとか、コイツ怖ぇってことを認められないってこと。そうすると、どんどんと批判が怖くなっちまう。怖ェ怖ェって

批判ばっかり気にしちまって、誰か他のヤツの人生を生きさせられちまう。そんなの操り人形だよ。

つか、もしオレがそうだったとするだろ。そんな物書きの言葉なんぞ、誰も読みゃしねぇよ。操り人形の言葉なんぞ誰が聞くんだって。

ステータスばっか考えて見栄張るからそうなんだわ。そんなもん考える必要なんてない。目論見とかハカリゴトなんかはオマエの中から捨てちまえよ。正直ささえありゃぁ、何者かになるかとか、何かを達成しなきゃならんとか、そんなもんはどうでも良くなれるんだ。

だってさ、誰がなんと言おうがオマエの本当の人生を歩けるんだからな。

言っちまうが、正直さってのは神すら凌駕するぜ。最上の栄光だ。誰も知らねぇオレらみたいなカスどものことを、目眩がするほどランクの高けぇ、誠実じゃねぇヤツら全員が羨ましがるんだ。


自分の強みを見つめるヤツは力を得る。

永遠を創り出すヤツは褒めたたえられる。

だが、限界を知るヤツは神を凌駕する。


これ、どういうことだろうな？

それじゃぁ、「人は、その苦しみに従って偉大になる」、そんな話からさせてもらうな。

世界に苦められたヤツはどうなるか、世界中にその名が知れ渡るんだ。
自分に苦しんだヤツはどうなるか、犯すことができない尊厳を手に入れられる。
だけどな、神の受難ってのこそが、究極と言えるまでの偉大な人物をつくるんだ。

アブラハムがそうだった。

じゃぁ、そんな「神がもたらす苦しみ」になんて、どうすりゃ対処できるんだろな?
世界とか自分の苦しみは、自分自身の力を使って克服することできる。
だがな、神の受難は、無力さで克服されるんだ。
これから、それがどんなか見てみようぜ。

聖書にあるアブラハム。ヤツは約束の地に至って全ての力を手に入れた。財宝も沢山の奴隷も美しい妻も。100歳に至って息子イサクをも得た。そいつは彼の信仰の賜物だったわけだ。

「あなたは、
あなたの生まれ故郷、あなたの父の家を出て、
わたしが示す地へ行きなさい。

そうすれば、わたしはあなたを大いなる国民とし、
あなたを祝福し、
あなたの名を大いなるものとしよう。
あなたの名は祝福となる。
あなたを祝福する者をわたしは祝福し、
あなたをのろう者をわたしはのろう。
地上の全ての民族は、あなたによって祝福される。」
「あなたの子孫に、わたしはこの地を与える。」
—旧約聖書『創世記』12:1-3、12:7、日本聖書刊行会、新改訳聖書より

最高を望み続けるヤツってのは、希望に裏切られて歳をとる。
最悪に備え続ける者ってのは、早くに疲弊し歳をとる。
しかしだ、正直でいられるヤツってのは永遠の若さを手に入れられるんだ。
（著者注：キルケゴールはアブラハムをそんな風に褒めたたえてる。）
だけど、だけどだ、この絶頂から神はイサクを殺すようアブラハムに命じた。

しかしアブラハムは不条理すらも信じやがった。ヤツの信仰ってのはさ、どこか夢の果てみたいなとこにあるようなモンじゃなかったんだ。目に見えるもの全ての際から放たれてるのに、悪戯な深淵に飲み込まれて消えちまうような、そこら辺の大宗教家の信仰とはワケが違った。

彼と神との左の会話、どこが変なのか考えてくれよ。全ての希望、愛する妻サラとの間に生まれたたった一人の息子イサクを殺せって言われて、まさにナイフを突き立てようとした瞬間の会話だ。

神はこう言った。

「アブラハム、何処にいるのか？」

「はい、私はここにいます」

息子を殺せって言われたものに、返答したんだ。アブラハムにとって、この世の全てを殺せって言われたんだぜ。誰が返答なんてできるんだって？

だけどよ、本当に恐るべきことってのは息子を殺せって話ではなかったんだ。本当の本当に恐るべきこと、そいつが何かって言えば、、これまでのアブラハムの話、息子殺しの話しが単なる根性試しだったってことなんだ。神はアブラハムを悪戯に試した。そして、イサクを殺さずに山羊を犠牲にしろって言った。

この時、大転換が起こったんだ。神はどうなっちまったか。

神の方針転換は単なる逃げだったことがバレた。こいつは救出じゃなくって、単なる気まぐれだったって。

「神がイサクを助けたこと」ってのは、逆に神を不名誉な存在に貶めた。

神の見せる未来は、呪いかもしれないってことになった。

この時、アブラハムの正直さこそが神を凌駕したわけだ。神の方がビビって方針を変えざるを得なかった。裸の王様ならぬ、裸の神さまを見つけたんだ。

この、モリヤの山での出来事は、聖櫃のアララト山のようには語られてない。単なるホラー話だからだ。これってガチな話、なんて酷くてバカげた話なんだろな。アブラハムが見つけたものってのは、そんなもんだった。
・・そしてアブラハムの最愛の一人息子イサクは家に帰り、全ては元通りになった。

それじゃぁね、神の試練を経た後にアブラハムが手に入れた「世界の全て」って何だったんだろうか。

、、、名誉中の名誉。

、、、偉大さの中の偉大さ。

、、、あらゆる財宝を凌駕した富貴。

・・って、いったい、何だったんだろうか。

それは、

いつもの生活だった。

確かに神はバカをやらかした。でもそこから世界は始まったんだ。アブラハムは神のバカなところを見つけた。だけど、だから、ユダヤ・キリスト・イスラム、すなわち全ての「啓典の民」の始祖になった。

はじまりはいつもバカなんだ。

つか、これマジだからな！

だもんで、家族万歳・お母さん大事にしろよってことだよ。そりゃ誰だって家族の言葉にゃぁ、ムカつくことばっかかもしれん。だけん、そもそもオレら自身がバカだからしょうがねぇらwww

つか、バカの方が話せるんだからそれでイイだよ(≧∀≦)　頭イイヤツなんて大概話せないヤツだからな。神だってさ、バカしてくれたから世の中始まったんだぜwww

だもんでよ、

キルケゴールが言いたかったのって、平成3年のチャゲアスのヒットソング、

「はじまりはいつもバカ！（はじまりはいつも雨）」

って話だったわけだ。
そう、人類皆バカなんだよ。
一件落着(≧∀≦)

ダンスを習わせる師匠じゃない。ダンスを楽しむ奴らが時代を変えていく。

ちょっと次ページの表を解説させて欲しい。

縦軸は、イノベーションの金銭的な価値の高低を示していて（上に行くほど高い）、横軸は、思考の枠組みが多様かどうかを示している（右に行くほど多様である）。

思考枠組みが似ているグループは失敗を起こしにくい。図で言うと、下の灰色の部分が「失敗」の領域なのだけれど、似た人たちが集まった図の左方では失敗が少ないのだ。

普通、人は思考法が違う（すなわち意味が分からない）人たちとは、仕事をしたいと思わない。だから現代の教育がテストの点数を基準にして、似たような考え方を人に押し付けるのも尤もな事だ。成功率を上げて、ストレスなく話せる環境を作り出せるからだ。

だけども、それではブレークスルーが起こらない。

図の右上を見て欲しい。ブレークスルーは思考方法が違った奴らの集まりでこそ起こるのだ。もちろんメリットだけじゃない。図の右下を見れば分かるように、左方に比べて数多の失敗が生じてしまっている。

創業10年以内で評価額1000億円以上の企業をユニコーン企業と呼ぶのだけれど、その数を

Going for Breakthrough

My research suggests that when a creative team is made up of people from very similar disciplines, the average value of its innovations will be high, but it will be unlikely to achieve a breakthrough. On the other hand, a group of people from very diverse disciplines is more likely to achieve breakthroughs—but will also produce many more low-value innovations.

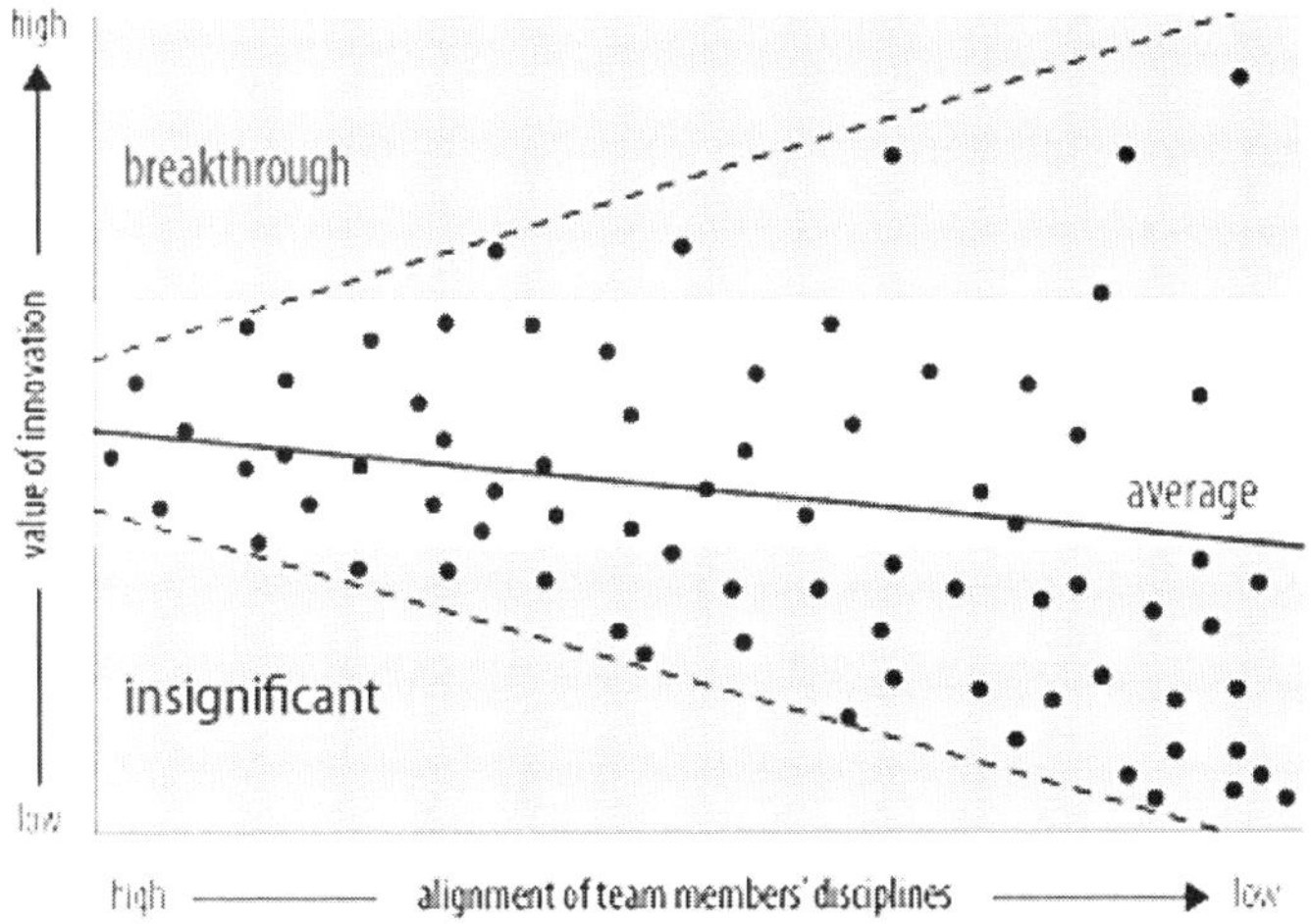

国別に比較してみたい。

アメリカ　191社

中国　93社

……

日本　3社

なのだ。

右の理論に当てはめると、異質とのコミュニケーションが苦手なわけだ。イノベーションが生まれない。

…………………………

……………………

……………

「失敗しちゃいけない」社会。僕たちはこれまでそっちを追求してきた。失敗しない人間を求めてきた。

メガベンチャーだけじゃない。世界の起業環境を調査したGEMを見ると、日本は起業活動指数そのものが世界最低レベル。起業スピリットに至っては断トツで世界最下位だ。

イノベーションを起こす力が極端に弱い。

これからは違うのだ。求められる人間像が。必要なのは、「失敗しながらも進める人間」だ。教育象も変わる。

「人を従えるための教育」じゃなくて、「人と共に歩むための教育」へと。

ハーモニーを生み出せれば、失敗を抑えてブレークスルーを起こせることが分かっているのだ。

問題は思考の違う奴らと波長を合わせられるかどうかだ。

ダンスを習わせる師匠じゃない。ダンスを楽しめる奴らが時代を変えていくのだ。


【参考】

Flemming, L. (2004). Perfecting Cross-Pollination: How You Craft Cross-Functional Teams Depends on Your appetite for Risk and Your Hunger for a breakthrough. Harvard business Review, 82(9), 22-24.
宮本淳子, & 増田靖. (2018). 新技術開発プロセスにおける情報価値の変容. In 経営情報学会 全国研究発表大会要旨集 PaCIS2018 主催記念特別全国研究発表大会 (pp. 87-90). 一般社団法人 経営情報学会.

～あとがきに変えて～
不良起業家たちが生徒らの肩の力を抜いてくれた。

掛川城のすぐ下の逆川にかかる橋を左に曲がると、そこに『ジャンカレー』がある。スパイスの効かせ方が心憎い、掛川あたりではとても見かけられない風味が癖になる店だ。

ジャンは高校を卒業し、世界3周の旅に出た。「吟遊詩人」として。

僕は彼の詩人としての力の虜にもなった。

彼からは色々な過去を垣間見せてもらった。
・サハラ砂漠で撮った写真と、サハラへの思いを綴った詩を動画としてまとめた作品。
・ライブハウス兼BARでもあるお店で撮った、自身の結婚記念ムービー。
・シカゴを旅して本場のジャズミュージシャンとセッションした話。
・20歳の誕生日に小型飛行機に乗って、上空5000メートルから生のエベレストを見た話。
それを書いた昔のブログも。。。。。

コロナ前（ジャンカレーさんでのイベントの様子）

実は息抜きのために、送ってもらった作品たちを生徒らと一緒に見させてもらった。僕はちょっと驚いてしまった。彼らが何とも安心したような、ほっとした表情を浮かべていたからだ。

大人になるって堅苦しくなることと同義だって、そんな風に思っていたんじゃないか。真面目に、しっかりと、決められたことを決められた通りにできなければ大人じゃないって。

そりゃ、学校ってそんなところだからな。

キリギリスのように楽しんでばかりいるのに、それでいて独りよがりじゃない働き方があった。自分がどうしても働きたい働き方で働く不良起業家たち。

モノを売るんじゃなく、夢を売ることで生きているのだ。

ジャンの作品を見て、少しだけだけれど隠しきれない驚きの表情を浮かべている彼らがいた。その時、僕はこう言ったのだ。

「もう、会社にすがれば生きていける時代じゃなくなってるからな。居酒屋の大将とかライブハウスのマスターのが、大企業で働くよりもむしろ安定してるくらいだよ」

僕は彼の夢を聞くために、彼の店に行くのだ。心地よい歌声が現実世界に結晶し、皆の頬をゆるませ、夢の手掛かりを自然と語り出させてくれるから。


結婚おめでとう。ジャンさん、ジュンさん。

お読み頂きまして誠にありがとうございます(^▽^)/

いつか本当にお会いしましょう。必ず。

mail: hayato.matsui123@gmail.com

起業家研究所Omiiko・学習塾omiiko　代表　松井勇人（まつい　はやと）

fin

人は幽霊を信じられるか、信じられないかで決まる

2021年12月16日　第1刷発行

著　者―――松井勇人
発　行―――日本橋出版
〒103-0023　東京都中央区日本橋本町2-3-15
https://nihonbashi-pub.co.jp/
電話／03-6273-2638
発　売―――星雲社（共同出版社・流通責任出版社）
〒112-0005　東京都文京区水道1-3-30
電話／03-3868-3275

ISBN 978-4-434-29330-6